聞書集

聖霊はまことの息吹

絶対無即絶対有のコスモロジー

小野寺功（著）
三浦衛（編）

春風社

目次

場所と光——生命の機

新井奥邃（あらい　おうすい　一八四六―一九二二）は「影響」という熟語を「かげひびき」と読んだという。「影が形に従い、響きが音に応じる」（書経大禹謨）の意味からすれば、「えいきょう」と音読みするよりも「かげひびき」と読んだ方が、意味が、より明確になる。ふつうの読み方は「えいきょう」であって、「えいきょう」そのものに、プラスの価値もマイナスの価値もない。好い「えいきょう」もあれば、悪い「えいきょう」もある。しかし、奥邃の文章をつぶさに見ていくと、「影響」を「えいきょう」と読まずに「かげひびき」と読んだ奥邃が、「かげひびき」としての「影響」を、けっして肯定的に使っていないことに気づく。たとえば、「現世自然界の進化の如きは、亦影響の勢のみ、影響とは、実体真音の開新に非ざるを謂ふ。」。

「影響」を「かげひびき」と読むことの理由について、奥邃は記していない。想像するに、「えいきょう」と読むよりも、「かげひびき」と読む方が、本体、実体、真実に対して偶有性が強調されるからではないか。自然に対する超自然の優位性を重んじる奥邃の認識が背景にある気がする。「人は息にひとしく、その日は過ぎゆく影にひとしい」という「詩篇」一四四章四節のことばなども、響いているかもしれない。

しかし、「影響」という熟語の「影」を、三世紀頃、あるいはそれ以降、日本に伝えられたとされる漢字からいったん離れ、和語としての「かげ」として見るとき、奥邃の認識とはまた別のニュアンス、様相が現れてきはしないか。

月影、星影、面影、陽炎（かぎろひ）、輝ふ（かがよふ）、鏡などの「かげ」「かぎ」「かが」は、モノ、コトのダークサイドとしての「かげ」ではなく、ブライトサイドとしての「かげ」すなわち光そのものを表している。形に従う影のイメージでなく、光のさざなみ、波動が目に見えない形で相手に伝わる。「親の背中を見て育つ」的な妙なる関係性としての、漢字を知るより以前の「かげ」と「ひびき」の場を考えてみたい気持ちが、私にはある。また、人間が食物として日常的に口にする根菜類の根が植物の光合成によって育つこと、奥邃を家族ぐるみで最後まで世話した中村千代松が、奥邃を「根のある人」と呼んで敬仰した*ことを考え合わせると、光により、光の響きとしての「かげ」により、照々《しょうしょう》の天より来たる光によって、根がはぐくまれ、育ち、それがいのち

＊本書八九頁。

の根源となることを、奥邃は否定しないのではないか。「光の子として歩みなさい。――光の結ぶ実は、あらゆる善と義と真理との内にあるからです。」（「エフェソの信徒への手紙」五章八－九節）。あの世で奥邃先生に会ったならば、そのことを申し上げ、先生の考えをぜひ確かめたいと思う。

光としての「かげ」とそれがはたらく場所、そこにおける人間との妙なる響き合いということで、忘れられない文章がある。柳田國男の『故郷七十年』にあるエピソードだ。

布川にいた二ヵ年間の話は、馬鹿々々しいということさえかまわなければいくらでもある。何かにちょっと書いたが、こんな出来事もあった。小川家のいちばん奥の方に少し綺麗な土蔵が建てられており、その前に二十坪ばかりの平地があって、二、三本の木があり、その下に小さな石の祠《ほこら》の新しいのがあった。聞いてみると、小川という家はそのころ三代目で、初代のお爺さんは茨城の水戸の方から移住して来た偉いお医者さんであった。その人のお母さんになる老媼を祀ったのがこの石の祠だという話で、つまりお祖母さんを屋敷の神様として祀ってあった。

この祠の中がどうなっているのか、いたずらだった十四歳の私は、一度石の扉をあけてみたいと思っていた。たしか春の日だったと思う。人に見つかれば叱られるので、誰もいない時、恐る恐るそれをあけてみた。そしたら一握りくらいの大きさの、じつに綺麗な蝋石の珠が一つおさまっていた。その珠をことんとはめ込むように石が彫ってあった。後で聞いて判ったのだが、そのおばあさんが、どういうわけか、中風で寝てからその珠をしょっちゅう撫でまわしておったそうだ。それで後に、このおばあさんを記念するのには、この珠がいちばんいいといって、孫に当る人がその祠の中に収めたのだとか。そのころとしてはずいぶん新しい考え方であった。

　その美しい珠をそうっと覗いたとき、フーッと興奮してしまって、何ともいえない妙な気持になって、どうしてそうしたのか今でもわからないが、私はしゃがんだまま、よく晴れた青い空を見上げたのだった。するとお星様が見えるのだ。今も鮮やかに覚えているが、じつに澄み切った青い空で、そこにたしかに数十の星を見たのである。昼間見えないはずだがと思って、子供心にいろいろ考えてみた。そのころ少しばかり天文のことを知っていたので、今ごろ見えるとしたら自分らの知っている星じゃないんだから、別にさがしまわる必要はないという心持を取り戻した。

今考えてみても、あれはたしかに、異常心理だったと思う。だれもいない所で、御幣か鏡が入っているんだろうと思ってあけたところ、そんなきれいな珠があったので、非常に強く感動したものらしい。そんなぼんやりした気分になっているその時に、突然高い空で鵯《ひよどり》がピーッと鳴いて通った。そうしたらその拍子に身がギュッと引きしまって、初めて人心地がついたのだった。あの時に鵯が鳴かなかったら、私はあのまま気が変になっていたんじゃないかと思うのである。

神秘体験といって片づけられないリアリティーがこのエピソードにある気がして、初めて読んだとき以来、忘れることができない。神秘体験、異常心理の底で見た青空に輝く星々の光としての「かげ」が、幼い日の松岡國男少年の深奥に「ひびき」届いたと思わずにいられない。「どうしてそうしたのか今でもわからない」出来事によって、人間の精神は、本人も与り知らぬかたちで、与り知らぬところへ根を伸ばしていくのではないか。のちの柳田國男の民俗学と、少年のころの昼間の青空に輝く数十の星を見た体験とは、切っても切れない関係にあるのだろう。

奥邃はこうも言っている。「世に神秘を嗤《わら》ふ者あり。学者に多し。思はざるの甚《はなは》だし。凡《およ》そ清浄なる者は是れ神秘に由らざるはなし。皆《みな》神の美に本源すればなり。」

ありがたいご縁をたまわり、これまで七冊の本を弊社から出させていただいている小野寺功先生にお願いし、したしくお話をうかがう機会を有《も》った。書名を『聞書集 聖霊はまことの息吹――絶対無即絶対有のコスモロジー』とした。七冊の本はもとより、先生ご本人とことあるごとに接し、お話をうかがい、思想の根をことばにするとこうなるか、と考えての書名であり、それを先生に申し上げ、ご快諾を得た。「聞書集（ききがきしゅう）」と銘打っているのに、先生の温顔に触れてのこころ安さから、私がすこししゃべり過ぎたことを反省している。

春風社代表　三浦衛

〔対談〕大地の思想家として　思索九四年の原点

（小野寺　功×三浦　衛）

二〇二三年四月二三日、春風社（横浜市西区）で行った対談の内容を編集し、収載しました。

無の場所としての空（くう）

不世出の哲学者

三浦　小野寺先生、よろしくお願いいたします。

小野寺　こちらこそ。

三浦　話の枕といいますか、まず私の方からお話しさせていただきたいと思って、今日は二冊本をお持ちしました。

小野寺　楽しみにしてきました。

三浦　一冊目が、二〇二三年のＷＢＣで日本代表監督をされた栗山英樹さんの『栗山ノート』*という本です。すっかり時のひとになりましたが、奥付を見ると初刷が二〇一九年十月と、四年前ですから、ＷＢＣの前に上梓されたものです。この中に森信三《のぶぞう》先生**のことが出てくるので、小野寺先生にぜひお知らせしなくてはと。

＊『栗山ノート』（光文社、二〇一九年）

＊＊一八九六－一九九二年。哲学者。西田幾多郎の教えを受け、より実学を求めて独自の「全一学」の確立に生涯をかけた。主著に『修身教授録――現代に甦る人間学の要諦』『人生二度なし』など。

栗山さんは東京学芸大学を卒業された方なんですけれど、とにかくすごい読書家です。

というのは、この「一日は一生の縮図なり」という項の中に、森先生のことを称して、「不世出の哲学者・森信三先生」と書かれている。森先生の本をぱっと一冊読んで、「不世出の哲学者」とは言わないと思うんですよ。

小野寺　言わないですね。

三浦　彼は真の読書家で、いろいろ読んでいるなかでの「不世出」だから。「この世にあらわれない」という文字どおり、「不世出の」というのは大変な修飾語だと思います。

小野寺　ええ、初めて聞きました。

三浦　「不世出の哲学者・森信三先生」、「一日は一生の縮図なり」と。

小野寺　「不世出」、そうですか。

三浦　なかなか人を評してこういうふうに言わない。このことばで、栗山さんが森先生のものをいかによく読んでいるかということがわかります。『人生二度なし』であるとか、『修身教授録』であるとか、また別の本には『幻の講話』についても書いてあるんです。本当によく読んでいるんですよ。

小野寺　そうですか。

三浦　森信三先生の思想に「全一学」＊がありますが、栗山さんは森先生以外の本もたくさん読んでいますから、それだけではないとは思うんですけれど、今回のＷＢＣの優勝は「栗山さんの栗山野球を通じて、森信三先生の精神、全一学が全面展開した」という言い方もできるのではないかと考えています。

壺に水の「無がある」

三浦　それから、もう一冊。これも事前に少しお話ししたのですが……。

小野寺　この本をぼくは読んでいないので、ぜひ今日学びたいと思っています。非常に肝心要なことがありましてね。

三浦　はい。『インド留学僧の記』＊＊です。

小野寺　宮坂宥洪《ゆうこう》さん。

三浦　カバー裏に書かれている略歴を見ますと、一九五〇年生まれということなので、今は七二歳か七三歳ですか。「気鋭のインド哲学者、名古屋大学博士課程に在学中の一九七七年、東洋学研究のメッカであるプーナ大学サンスクリ

＊詳しくは「実践人の家」ウェブサイト参照。http://www.jissenjin.or.jp/

＊＊『インド留学僧の記』（人文書院、一九八四年）

ット学部に留学」ということです。この本は一九八四年に初刷、三九年前になります。略歴には、長野県の真言宗のお寺で副住職をしているとありますが、現在は智山伝法院の院長をされているようです。

先日この本のことをお話ししたときに、小野寺先生が注目された箇所があります。私が解釈して申し上げるより、本の文章そのものを引用する方がいいので、ちょっとゆっくり読んでみたいと思います。

小野寺　ぜひ知りたいのでお願いします。

三浦　この本の九〇ページと九一ページに、こういう記述があるんです。「壺に水がない」という表現にまつわっての話なんですが、『壺に水がない』という表現をとりあげてみよう。」と書き出されます。

「インド人にとって、『壺に水がある』ことと『壺に水の無がある』こととは、同一の思考の枠組みのなかでとらえられることであり」。

小野寺　「水の無がある」こと……。

三浦　インド人は壺に水がないことを、「壺に水の無がある」ととらえる。

「『壺に水の無がある』こととは、同一の思考の枠組みのなかでとらえられることであり、その違いは単に対象の相違にすぎない。つまり、壺という場xに

コロナ後の学術出版社

一つの重要な発展は、古代世界の直接的な情報の急速な増大という形をとった。人文主義者たちは、とくに修道院の図書館で、気に入った古典の著者のさらなる文献を系統的に調査し始め、とりわけ（ペトラルカの表現によれば）彼らが古代の「偉大な天才」とみなしたキケロのテキストをさらに探し求めた。こうした宝探しは急速に一連の重要な発見をもたらした。キケロの『縁者・友人宛書簡集』の完全なテキストがサルターティにより一三九二年にミラノのカテドラル図書室からよみがえった。（クエンティン・スキナー［著］／門間都喜郎［訳］『近代政治思想の基礎――ルネッサンス、宗教改革の時代』春風社、二〇〇九年、九九－一〇〇頁）

ヨーロッパ政治思想の名著とされるものの翻訳ですが、この度の新型コロナウイルスのことがなければ、自社で出版した本を、切実な気持ちで読み返すことはなかったと思います。日々、こころも、カラダも、アタマも変化します。コロナ禍を回避するための手立てがさまざまに講じられており、わたくしどもも、目の前の原稿に誠実に向き合うことにおいては以前と変りありませんが、あらためて、この度のことを契機とし、コロナ後の学術出版の意義について考えてみました。

現在に沈潜し、未来を想像してばかりでも埒が明かないところがあり、どうしても歴史を振り返らざるを得ません。かつて、ヨーロッパにおいてペストが大流行し、時を経て、ルネサンスの時代がやってきます。ペストがルネサンスを用意したとの言説も目にしますが、ペストの大流行とルネサンスの間には一〇〇年の時が挟まれています。ペスト禍のなかで聖職者も多数犠牲になったといわれます。修道院で古典を渉猟する人文主義者たち（右の引用文）が登場するまえに、歴史はすでに、ペスト禍＝黒死病を経験していました。

スキナーは、ペスト禍との関連でルネサンスを論じているわけではないけれど、神でなく人間の「偉大な天才」を求め写本を漁った人びとの情熱の底に、ペストの禍根がまざまざと残っていたのでは、と想像されます。

やがて、神にすがるのでなく、人間のありようを凝視する文芸復興の時を迎えますが、二〇二一年の現在が、ペスト禍の時代に準えることができるとすれば、ペトラルカ（彼はペスト禍を経験している）を経て、一〇〇年後には、レオナルド・ダ・ヴィンチをはじめとする、いま現在においては想像すらできない人物群が登場するかもしれず、巨いなるパラダイムシフトが起こらないとも限らない。まだ見ぬ傑物たちの登場を用意するのは、かつての時代がそうであったように、学問の灯を絶やさぬことにあると確信します。電池切れで全てが無に帰してしまうことのないように、だれが、どこで、いつ、なにを、どのように論じたのかを明確にし、それを紙媒体に残し、積み重ねていく時間が必要ではないでしょうか。

倦まず弛まず、いわば我慢する学問の営みが、今ほど求められる時はないと信じます。

次世代を担う子どもたちの姿を思い浮かべ、息のながい学問とふかい情愛を湛える研究を待ち望み、後世に手渡すべく、誠心誠意、高質の学術書を出版する版元でありつづけたいと祈念するところです。

二〇二一年春

春風社代表　三浦衛

16世紀後半から19世紀はじめの朝鮮・日本・琉球における〈朱子学〉遷移の諸相

片岡龍 著

西洋近代由来の学術概念を超え、時代時代のさまざまな地域の思想家の営為を丹念に読み解き、思想潮流の大きな変化を跡づける。

▼A5判上製・三一二頁・五四〇〇円

環境を批評する
英米系環境美学の展開

青田麻未 著

環境美学者・カールソンらの諸学説を批評理論として読み直し、常に我々を取り巻き変化し続ける環境に対する美学的アプローチを考察。

▼四六判上製・三三二頁・四〇〇〇円

小鳥が歌う
古いポルトガル語による聖母マリアの詩

菊地章太 著

中世イベリア半島の吟遊詩人たちによって作られ歌われた詩・カンティーガの和訳と解説を通して、聖母に対する当時の人々の思いを汲み上げる。

▼四六判上製・二三四頁・三六〇〇円

空海に学ぶキャリアデザイン

益田勉 著

宗教的・文化的に日本を代表する偉人・天才としての空海ではなく、「衆生」の一人として自らの航路を切り開いていった空海の人生を辿る。

▼四六判並製・二六八頁・三五〇〇円

春風社
〒220-0044　横浜市西区紅葉ヶ丘 53　横浜市教育会館 3F
TEL (045)261-3168 ／ FAX (045)261-3169
E-MAIL：info@shumpu.com　Web：http://shumpu.com

この目録は 2022年3月作成のものです。これ以降、変更の場合がありますのでご諒承ください（価格は税別です）。

所属している対象yが水であるか、それともその無であるかという違いである。」

壺という場x、すなわち、場所ですね。「壺という場xに所属している対象yが水であるか、それともその無であるかという違いである。」と。

小野寺　なるほど。

三浦　さらに続けて読んでみます。今度は宮坂さんの言い方に注目です。

「壺のなかに水も何もなければ壺は空（から）だということになる。仏教流に言えば、空（くう）*である。ここで『無』と『空』との違いは明らかである。この二つの仏教の重要な概念はしばしば混同して理解され、ときには誤って使われてきた。ここに挙げた簡単な例からわかるように、壺イコール空である以上、空と無とは同義ではない。」

これまでこんがらがって使われてきた場面もあったんだけれども、宮坂さんがはっきり言っているのは、「壺イコール空である以上」、壺は入れ物ですね、「壺イコール空である以上、空と無とは同義ではない。」、つまり、同じではないと。その後、結論として、「『無の所有者』が『空』なのである。」と彼は言っています。

*古来の大乗仏教の中心概念で、「諸法無我」という存在のあり方をあらわすサンスクリット語の漢訳。

小野寺　へえ。

三浦　「『空』という言葉それ自体は、インド人にとってはこのように明確でありふれた概念であった。」。仏教独特のものではないということです。「だが、ひとたび仏教徒がこの概念を使って現象世界の真相を究明しようとするにおよんで、それは大乗仏教の中心概念の一つとなった。すでにみてきた通り、それはまたインド人の常識的な思惟方法を根底から揺さぶるものであった。」。

つまり、「空（くう）」ということば自体、インド人はよく知っているんだけれども、しかし、空と無を使って現象世界、この世の成り立ちや真相を究明しようというときに、仏教の考え方というのは、インド人の常識的な思惟方法、考え方を根底から揺さぶったということなんですよ。

小野寺　なるほど。

三浦　「『無がある』という考え方から、『無の場所』としての『空』を見定めたことは」、ここのところが大事だと思うんですね。従来、インド人の中には「無がある」という考え方はあった。ところがそのあと、「『無の場所』としての『空』を見定めたことは、実は人類の思想史上におこる大事件であったと言っても過言ではない。」。

小野寺　これを知りたかったんです。

三浦　「『無がある』という考え方から」、「無がある」というところに宮坂さんは鍵括弧を付けています。

小野寺　「無がある」。

三浦　「『無がある』という考え方から、『無の場所』としての『空』を」。

小野寺　「見定め」る。

三浦　「『無がある』という考え方から、『無の場所』としての『空』を見定めたことは、実は人類の思想史上におこる大事件であったと言っても過言ではない。」。

小野寺　そうなんですよ、ここが肝心なところでしたね。そうか、インド人にとっても大事件なんだ。

三浦　「モノがない」のではなくて、「無がそこにある」という考え方は、インド人にとって言語としてはありふれた概念だけれども、仏教の考え方は、さらにそれを展開して、『無の場所』としての『空』を見定めた」わけです。

絶対無と神

小野寺　なるほど。だから西谷啓治は、西田幾多郎の「絶対無」を、さらに「空（くう）」に変えたんですね。*ぼくは知らなかったけれど、やっぱりそういう根拠があってやった。そうですか、これは一番肝心なことだ。

「絶対無をどう扱うか」ということはぼくにとって最後の最大の問題で、いくら考えてもわからないというか、迷っていました。「三位一体が於《おい》てある場所が絶対無である」というところの解釈が、いまひとつだったんですよ。だけれど、これでよくわかりました。

三浦　もう一回ゆっくり読むと、「『無がある』という考え方から、『無の場所』としての『空』を見定めたことは、実は人類の思想史上におこる大事件であったと言っても過言ではない。インドでは六世紀ごろ、他のどの民族にも先がけて十進法による位取りが行なわれていたことが知られている。」。

小野寺　他の民族に「先がけて」。

三浦　ええ、「位取り記数法にとって不可欠な空位を示す0（ゼロ）の発見こそインド人の手になるものである。」ということで、宮坂さんは0（ゼロ）の発見

*詳しくは『絶対無と神——京都学派の哲学』（春風社、二〇〇二年）。

と今のことを同じ段落に記述しているんです。
小野寺　そうですか。
三浦　先ほどの無の考え方と連動させて、彼は説明してくれている。
小野寺　ああ、これはいいことを教わった。
結局、問題はここだったんですよ。だから踏み切れなかった。たとえばカトリックの立場で「存在者逆接空」*を入れるということは大事件なんです。ここを間違えると、ぼくの神学体系が崩れてしまうので、遠慮して使わなかった。ずっと著作も先延ばしにして今まで来たんです。
三浦　そうですか。先日お話ししていて、小野寺先生が「それだ」とグッと注目されたことがすごく伝わってきたので、今日はお目にかかったら、ぜひにと。
小野寺　これがぼくの究極というか、最後の課題だったんです。
三浦　宮坂さんという方は、先ほどの略歴にあったとおり、インドの大学のサンスクリット学部に入っていますから、言語から入っているんですよね。
小野寺　だからですね。
三浦　サンスクリット語の特性、特徴から入ったという、その角度がまたユニークだったかもしれません。今まで哲学の方でアプローチしていたのですが、

＊鈴木亨（一九一九―二〇〇二）が西田哲学を批判的に発展させた哲学体系。

サンスクリットという言語学から見たときに何があるのか。「無がある」という考え方自体はインド人にとっては昔からあったし、「空（くう）」ということもそれほど特別ではないんだけれども、しかし、仏教の考え方で、「『無の場所』としての『空』を見定めたこと」、それは大事件であったという。この辺の展開のところですよね。

小野寺　これは西田の「無の場所」に関係するところです。

三浦　そういうことだと思います。

小野寺　なるほど、これで大展開しますすよ。ぼくは「絶対無の場所」ということまでは来ているわけですが、そこから踏み切れなかった。

三浦　「『無の場所』としての『空』」。

小野寺　結論でしょう。「『無の場所』としての『空』」。これですよ、このことがヨーロッパの思想史を変えるような、キリスト教の発想を根本から超え、さらに世界化するような契機となり得るような気がします。

三浦　そうですか。

小野寺　ただぼくは、これまでそこがよくわからないので、空（くう）ということばを使うのを躊躇してきました。西谷が西田の無を空に変えたのは、これが根拠だったのですね。西田―田辺哲学*をさらに発展させた鈴木亨《とおる》先生の場合は、その体系を「存在者逆接空」と表現されたわけです。

鈴木先生は、早い時期から『西田哲学への問い』（岩波書店）などで、「聖霊神学の樹立に努力している小野寺功氏の「三位一体の於てある場所」という表現は、西田哲学によって触発されたきわめて根源的で正確な規定である」と評価してくださったけれども、ぼく自身、空ということばは使えなかった。

こうした発想や論理は、ヨーロッパでは、エックハルトや、N・クザーヌスの神秘主義に近く、時には異端視される傾向もあったかと思います。

ぼくの大学時代の恩師ハインリッヒ・デュモリン**先生は、東京大学の大学院で賀茂真淵の研究でドクターを取られた方でした。また禅の歴史の研究家としても著名な方で、鈴木大拙などとも交流があり、ドイツ神秘主義にも深い理解をもっておられました。

エックハルトの神秘思想***は禅と結びついて、次第に影響力をもつようになっている気がします。

また、鎌倉で修行したカトリック司祭、ヴィリギス・イエーガー師のドイツでの活躍はよく知られています。

*田辺元（一八八五―一九六二）。哲学者。西田幾多郎とともに多くの門弟を育て、「京都学派」の基礎を築いた。

**一九〇五―九五年。ドイツ出身の聖職者。

***詳しくは『エックハルト説教集』（岩波文庫、一九九〇年）参照。

日本語でも「久遠の叡智――無において出会う」、「禅キリスト教の道――無になって生きる」（共に『久遠の叡智――「永遠の今」を生きる』八城圀衛訳、教友社）など、著作はありますが、いろいろ反対はあっても、そこには無において出会う世界が求める統合的な新しい霊性が反映されていると思います。

三浦　小野寺先生は、ずっと「絶対無と神」ということで来られた。先生の本を読み、著作を編集させていただき、こうして親しくお話しさせてもらい、いろいろな形でお話をうかがっていると、先生は、「絶対無」と言うときに、対で「インド人が0（ゼロ）を発見した」とおっしゃることが多いんですよね。

小野寺　そうですか。

三浦　宮坂さんはこの本で、まさに同じ段落内で、「『無の場所』としての『空』」と「0（ゼロ）の発見」ということを言っている。

小野寺　よかった、これを知りたかった。

三浦　小野寺先生の直観ですが、この方はサンスクリットの言語の方から入って、インドではもともと無とか空（くう）というのはことばとしてはあったんだけれど、仏教がインド人のもっている概念を大きく変え、「『無の場所』としての『空』」を見定めたと。

小野寺　以前に三浦さんから聞いたときは電話だからメモをして、まだ何もなくつながらないところがあったけれど、今の説明で完全にわかりました。「場所」ですよね。

三浦　「場所」です。

小野寺　「場所」という論理を西田が開拓しましたから、手に取るようにわかりますよ。

三浦　よかったです。今日はこの二冊をまずご紹介しました。

栗山英樹さんが『栗山ノート』で森先生のことを「不世出の哲学者」と言っていることに、すごく感銘を受けましたし、宮坂宥洪さんの『インド留学僧の記』でもって、「無と空（くう）の関係は、サンスクリット言語からすると、こういうふうなんだ」と、もともとのインド人の考え方、それをさらに仏教のお釈迦さん、お釈迦さんというより大乗仏教かな、「仏教の考え方はどうだ」ということを、はっきり認識した気がしました。

小野寺　「場所」という発想がないと、そういう自覚に至らない。0（ゼロ）と1の関係も解明できないんです。

しかもエックハルトはカトリックでしょう。エックハルトの思想は、重要視されつつずっと異端視されてきました。みんな恐る恐る使っているんです。でも、恐る恐るじゃいけないんですよね。エックハルトを深く理解し、さらにそれを超えなければいけない。

そこがネックで、ずっと低迷していました。今日吹っ切れましたよ。

空位を示す0

三浦 無と空（くう）の関係、それから0（ゼロ）についてですが、インド発祥のものが、アラビアを通じてヨーロッパに入った。0、1、2、3、4、5を「アラビア数字」と言うじゃないですか。今われわれが使っているアラビア数字のルーツの0（ゼロ）、これはインド発祥ということですよね。

小野寺 ぼくは、前から「0（ゼロ）という発想があって、1があるんだ」と予感していたし、鈴木亨先生も、「そのとおりだ」と言うんだけれど、この説明がなかったから、なかなか踏み切れなかったんです。

三浦 0（ゼロ）が、いわば言語だとか、哲学的には「無」であったり、「空」であったりするわけですよね。

小野寺　はい。

三浦　宮坂さんは、それらがごっちゃに使われてきたということも言っています。「『無』と『空』との違いは明らかである。この二つの仏教の重要な概念はしばしば混同して理解され、ときには誤って使われてきた。」と書いています。

小野寺　そうです。いや、ぼくの理論の結論は、これの決断にかかわるんですよね。それで最後のところが書けなかった。予感としては同じことを考えていたんですが、「場所」がないと、そこの解明ができなかった。宮坂さんの記述にははっきりと出ていますよね。

三浦　そうなんです。

小野寺　最大の懸案だった。これはありがたかったな。日本の思想家は、だれも気づいていないと思いますよ。

三浦　そうですか。小野寺先生の思想のかすがいというのかな、私も「ここのところかな」というのを感じていたものですから。

小野寺　展開しますよ。最後の躊躇で。ぼくは上智大学の大学院を修了するときに「三位一体の於てある場所」を発見して、大きな展望が開けたと思いましたが、当時敬愛していた教授に「過去によくある異端の系列だ」と言われたことが忘れられない。今だったら「異端」と言われたって何でもないでしょうけれど、学生時代、しかも当時のカトリックでは大変なことでした。「自分に思想家としての将来はもうないな」と思ったくらいショックでした。

しかし、あとでは、「先生が間違っている」と思ったんです。その教授は中世哲学が専門で、その頃ちょうどテイヤール・ド・シャルダン*が日本に入ってきて、シャルダン学会の会長になったんです。シャルダンには『神の場』という一冊があるので、シャルダン学会の会長として、当然、「神の場」という発想に直面するわけで、それをどう理解するかと考えたときに、「ああ、先生には「場」という発想がなかったんだ。だから、「学生の分際で」と言ってはならんだけれど、そういうことを言うと危険な時代だったので、学生に対する恩情から「注意しろ」という意味合いで、老婆心から「異端」と言ったんだろうな」と、あとで思いました。

三浦　小野寺先生、さきほど読んだところと重複しますが、ここで全体をもう一度読みます。

「壺のなかに水も何もなければ、壺は空（から）だということになる。仏教流にいえば、空（くう）である。ここで『無』と『空』との違いは明らかである。

＊ピエール・テイヤール・ド・シャルダン（一八八一―一九五五）。フランスのカトリック神学者、古生物学者。イエズス会士。人類の進化などの諸科学からキリスト教的世界観、人間観を打ち出した『神の場』『現象としての人間』などの著作がある。

この二つの仏教の重要な概念はしばしば混同して理解され、ときには誤って使われてきた。ここに挙げた簡単な例からわかるように、壺イコール空である以上、空と無とは同義ではない。『無の所有者』が『空』なのである。

『空』という言葉それ自体は、インド人にとってはこのように明確でありふれた概念であった。だが、ひとたび仏教徒がこの概念を使って現象世界の真相を究明しようとするにおよんで、それは大乗仏教の中心概念の一つとなった。すでにみてきた通り、それはまたインド人の常識的な思惟方法を根底から揺さぶるものであった。

『無がある』という考え方から、『無の場所』としての『空』を見定めたことは、実は人類の思想史上におこる大事件であったと言っても過言ではない。」

小野寺　納得しました。

三浦　「インドでは六世紀ごろ、他のどの民族にも先がけて十進法による位取りが行なわれていたことが知られている。位取り記数法にとって不可欠な空位」、空位というのは場所ですよね。

小野寺　そうなんです。

三浦　「不可欠な空位を示す0（ゼロ）の発見こそインド人の手になるものであ

る。」、ここです。

小野寺　ずっと予感はありました。

三浦　先生が直観されていたことと、このサンスクリット言語学からの宮坂さんのことばというのはぴったり一致するんですよね。

小野寺　一致しますよ。ぼくにとって一番難しいところでした。

三浦　なかなか説明が難しい。言語学、サンスクリット語をされた方だから、こういうふうな説明ができるのかもしれません。

小野寺　そうでしょう、すっきりとできるんでしょうね。日本語では、よほど考えないとそこはとらえにくいですが、場所論が入ってきたので、よくわかりました。

いや、これは最大の発見ですよ。発見というか、長い間迷っていましたが、やっと解決できた想いがします。

三浦　そうですか。

小野寺　ずっと、考えてもわからなかったんです。なぜ西田の『絶対無』を、西谷が大変な努力をして『空（くう）』に変えたのか。「根拠は一体なんなんだ、空の方が仏教的なのかな?・」と思ったりはしたけれど、ぼくの身近ではそれをだれも議論しないんですよ。
「存在者逆接空」という西田－田辺哲学をさらに継承発展させた鈴木亨先生が、よく手紙で0（ゼロ）の話を書いてこられたのですが、今のことを言いたかったんでしょうね。

三浦　そうかもしれません。

小野寺　わかったような、わからないような、それですごく慎重だったんです。だけれど、初めてわかりました、絶対間違っていない、これでいいんですよ。

三浦　そう思います。

異分野からの展開

小野寺　だから、「存在者逆接空」でカトリックの思想を説明しても、異端にならないどころか大発展する。日本人の心に響くような神学展開になりますよ。これはだれも反対できないでしょう。

三浦　哲学なり神学でやってきたことを、この本は言語学から入っているでしょう。本当に深い難問というのは、ジャンルが違ったところから解けるということがあるのかもしれません。
たとえば、世界的、歴史的に難問といわれていたいくつかの数学問題があって、ペレリマンというロシアの数学者がそれを解いたんですが*、解いたあと、偉い数学者たちの前で証明を説明しても、どういう経緯でそこに至るか、だれもわからなかったそうです。そのときに天才数学者といわれたその人は、「数学だけの論理ではなくて、物理学の論理をもってきた」と言ったという話があります。

小野寺　なるほど。

三浦　「そのジャンルの論理だけでは展開しないくらい難しい問題」というのはあるのではないでしょうか。

小野寺　ありますね。それはやっぱり、エックハルトの発想が誤解されてきた、その中にもあります。つまり、それを解釈するだけの思想的なバックが当時のカトリックになかったのでしょう。それが今まさに乗り越えられようとしているわけです。
その点、二〇世紀に入って、時代を画したカトリックの第二バチカン公会議（一九六二－六五）は、ヨハネス二三世教皇の回勅「地上の平和」を含めた。こ

＊二〇〇二年、数学者グレゴリー・ペレリマンが一〇〇年にわたる歴史的難問「ポアンカレ予想」を解いた。

のことはぼくにとっても、実に大きな意義をもつものでした。なぜなら、そこでは西欧中心主義の脱却が促され、「キリスト教以外の諸宗教に対する教会の態度についての宣言」（第二条）の中で次のように言われていたからです。それは「普遍なる教会は、これらの宗教の中に見出される真実で聖なる（vera et sancta）ものを何も退けない……それらは教会が保持し維持するものとは多くの点で異なっているが、すべての人を照らす真理の光を示すことが稀ではない」と明言されています。

しかも当時ぼくは、バチカンのキリスト教一致推進事務局のベア枢機卿が、第二バチカン公会議の先駆者は、一五世紀のドイツの神学者ニコラス・クザーヌスと見なされうると発言した内容を、カトリック新聞で知りました。

その時ぼくは、クザーヌスの「反対の一致」の思想と西田哲学の「絶対矛盾的自己同一」*の考えは、思想的にも、論理的にもまったく近いので、そこに東西の思想的出会いの可能性と現実性を直観したのでした。

この点について、西田自身はどうかを知るために、当時親しかった京大の哲学科の助手に頼んで、クザーヌスの主著のコピーを送ってもらったところ、西田先生自身、克明に線を引いて熟読していることがわかりました。ぼくがねば

＊詳しくは『西田幾多郎哲学論集Ⅲ』（岩波文庫、一九八九年）。

り強く「西田哲学から聖霊神学へ」の歩みを続けたのは、この背景があったからなんです。

三浦　そうだったんですか。

小野寺　ぼくは頑張ったから乗り越えられたんですけれど。0（ゼロ）の発見以前の数学と、0（ゼロ）を位置づけた数学の展開の仕方は全然違いますものね。今、哲学の領域で、その展開が起こっているわけです。

三浦　大事なのは、0（ゼロ）の説明の上に「空位」と書いているところで、「空位」の「位」というのは場所のことじゃないですか。0（ゼロ）というのは空位、場所を指すということになりますよね、それだから位取りができるという。

小野寺　おっしゃるとおり、「空位」です。

三浦　「空位を示す0（ゼロ）」なんです。

小野寺　「空位」、すなわち場所です。そのとおり。存在というものを考えるときに、場所は空（くう）でなければいけないんです。やはり鈴木亨先生の発想は正しいんだ。

三浦　「0（ゼロ）が空位という場所を示す」ということと、今先生は奇しくも

「鈴木亨先生の発想は正しい」とおっしゃったのですが、私の中で重なるのは、小野寺先生からうかがった子どもの頃の神社での体験なんかと一致していることなんです。要するに頭でっかちじゃない。

小野寺　あれがぼくの原点です。その日の村の景色も、輝く太陽も、眼の前の先生や友だちの表情もすべて日常のままで、何一つ変わったところがないのに、いきなり無限の天井から降りてきた透明なガラスに隔てられたように、まったくの別世界になったんです。あれ以来、ぼくの中にうまれた生への問いは、中学から大学を経てますます本格的になり、学校で教わるような知性レベルの回答ではほとんど何も噛み合うことはなかった。そこからカトリックの導きに従って、ようやく「聖霊論的思考」という独自の論理を打開し、西田を媒介にして日本的な聖霊神学へとたどり着くことができました。

三浦　今日はそのあたりのことを、もう少しご自身の思想形成に即してお話ししていただけますか。

小野寺　ぼくは以前から日本の哲学や神学にとって「無の思想」は、数学のゼロの発見に近い画期的なもので、深い意味をもつと考えていました。しかしこれを現実化し、後押ししてくれたのは、井上洋治*神父でした。

＊一九二八－二〇一四年。聖職者。一九六〇年にカトリック司祭に叙階。日本に根ざしたキリスト教を生涯模索した。

彼がまだ若い頃、フランスから帰国後まもなく書いた「無の神学を求めて」（『世紀』誌に掲載）を読み、ぼくと似たような思索と展開をしていると力強く思ったことが思い出されます。

三浦　そこをもう少し、立ち入って説明してもらえますか。

小野寺　ぼくの場合は、若い頃に敗戦による戦前・戦後の時代の激変を経て、ある種の深刻なニヒリズムを経験しました。

その経緯ははぶきますが、結局、ぼくのライフワークとしてめざすテーマは、「西田・田辺らの日本近代の哲学を、日本的霊性の自覚の論理と捉えつつ、カトリック神学の日本的展開を図る」ということになりました。

三浦　どう展開しようというのがありましたか。

小野寺　最初は、ほとんどが暗中模索で、何の成果も生み出せませんでした。ただ唯一、上智大学の大学院を修了する頃、図書館でアウグスチヌスの『三位一体論』を読み、それ以前に読んでいた『告白録』とともに深い感銘を受け、ここにぼくの求める究極の真実があると思いました。ただ日本人として深く考えてみると、アウグスチヌスの父と子と聖霊なる神としての三位一体論は、ラテン語で una substantia tres personae と定義されており、一体にはギリシア語の実体概念が使われています。これは西洋では、歴史的に最上の定義と思われますが、日本人には極めて理解しにくいと思いました。その問題に悩みぬいていた時、閃光のようにひらめいたことは、アウグスチヌスの三位一体論を、西田哲学の絶対無の場所論を用いて解釈することでした。

その時のぼくの想いは……父と子と聖霊はともに啓示の神として、絶対有であるという把握は当然ですが、ただ三にして一なる根拠は有ではなく「絶対無」として把握されるべきだというものでした。そうして初めて三位一体の中に絶対無即絶対有の全一性が確保されることになり、キリスト教的認識は東洋的性格をも抱擁して一段と深まりをみせ、東西の出会いに決定的に貢献することになるはずである、と。この考えからぼくの宗教哲学的、神学的原理である「三位一体の於てある場所」の発想が生まれたのです。

ところが、前にも少し触れましたが、この体験を日頃敬愛する中世哲学の教授に話したところ、「「三位一体の場所」の発想など、過去の異端の系列によくある考え方だよ」と一蹴され、ショックを受けた。しかし限りなく異端に近いが断じて異端ではないと、心底では思っていました。要するに「絶対無」の思想が媒介されていないから、そういう断定になるのだと考えていました。

ぼくが後にいろいろと自説を論文や著書で発表するようになって、ようやくその真意が理解されるようになったと思います。そして次の井上洋治神父の一文は、ぼくの紆余曲折の想いを、見事に要約してくださっています。

「キリスト教が日本文化に受容されていくにあたって、神が場とし無としてとらえられていくことは当然なことといわなければならない。そしてキリスト教信仰の立場からすれば、この対象化しえない「無」こそが聖父と聖子と聖霊という三つのペルソナが一体となる場であり、小野寺功氏のいう「三位一体のおいてある場所」である。これは同時に被造物の側からすれば八木誠一氏のいう「統合の規定の場」である」（『日本文化とキリスト教』）

また旧約聖書研究の第一人者であられた関根正雄先生も、何度かお手紙をくださって、「あなたが提起された問題こそ、ぼくが長い間悩んできた問題で大いなる示唆を得ました。「大地哲学」には深い感銘を受けました」といった感想が書かれていて、いささか苦労が報われた気がしました。

三浦　小野寺先生の思想形成のプロセスを改めてうかがって、今日の「無」に関する私の提起の意味が一層明らかになりました。これを前提に、次はさらに自在なテーマでお話をうかがいたいと思います。

「已むに已まれぬ大和魂」

なぜ、聞き書きか

三浦　対談に際して、仮に「大地の神学――故郷岩手と詩作的思索」というテーマを設定しました。このテーマに迫るとき、二つのことを大事にしたいと温めながら、今日はここに来ました。

一つは、「聞き書き」にしたいということです、私の方が余計にしゃべるかもしれませんが、私の話は後で削るにしても、聞き書きというのが、とても人事だと思うんです。なぜかというと、少し広い意味で言うと『聖書』も聞き書きじゃないですか。

小野寺　そうですね。

三浦　イエス・キリストの言行録だし、あるいは旧約聖書は預言者たちが、神から聞いたことばを記しているわけです。そういう意味では『聖書』も聞き書きだし、『論語』も聞き書きなんですね。

小野寺　なるほど。

三浦　孔子のことばを、孔子本人が書いているわけではない。弟子格の人たち、あるいは弟子の弟子、孫弟子格の人たちが孔子のことばと行いを記録した、いわば言行録ではないですか。

たとえばプラトンの『対話篇』だって、広い意味での聞き書きだと思います。ソクラテスを主人公にして、だれかと語らせているわけでしょう。

コーランにしたって、アッラーのことばをムハンマドが聞いて、それを記録したものですし、『歎異抄』は親鸞の弟子の唯円がまとめたものです。『正法眼蔵』は道元が書いていますけれど、広く道元が知られていくのは、弟子の懐奘が筆録した、読みやすい『正法眼蔵随聞記』があるからです。

近いところで言うと、二宮尊徳の『二宮翁夜話』は言行録です。二宮金次郎は小田原出身の人ですが、同じ神奈川県だけれど、今で言うと平塚かな、福住《ふくずみ》正兄《まさえ》という人が『二宮翁夜話』を書いた。

このように、『聖書』から『二宮翁夜話』まで、みんな広い意味での聞き書き、言行録と言える。そのことの功罪は考慮しなければなりませんが、教えが広がることにおいて「聞き書きというのが、いかに大事か」と思うのです。

小野寺先生は著作が何冊もありますけれども、これから私はぜひ聞き書きをまとめたいと思っています。私の経験なり、私の器でしか聞くことができないし、それによってバイアスがかかってしまうかもしれないけれど、できる限り素直に先生のお話をうかがって、先生の語りをきっかけにして、小野寺先生のこれまでの著作に入っていってくれる方が出てくるとありがたい。長いスパンで、次の世代、さらにその次の世代ということを考えたときに、先生から根のある話をぜひうかがっておきたいという気持ちです。

小野寺 ありがたく思います。こんな経験は初めてです。三浦さんは対談の名手と言われていますが、なるほどと思います。

根のあることばをもつ

三浦 もう一つ、誤解を招くかもしれませんが、私自身は「哲学は理屈だ」と思っています。山田洋次『男はつらいよ』の第一作、映画として最初の作品に、寅さんの「人間はね、理屈なんかじゃ動かねえんだよ」っていう台詞があるんです。博がさくらに恋をした。好きで、一緒になりたいと悶々としているときに、寅さんとやり合う場面があって、そのときに寅さんが博に対して、「人間はね、理屈なんかじゃ動かねえんだよ。俺とお前じゃ、別の人間だろう？　早い話が、俺がイモ食ってお前のケツから屁がプッと出るか?・」というふうなことを言うんです。いわば屁理屈ですが、「人間はね、理屈なんかじゃ動かねえんだよ」と。

同感ですけれど、私に言わせると、「哲学は理屈ではあるけれど、根のある理屈は、ただの理屈とは違うんだよ」ということです。寅さんが「人間はね、理屈なんかじゃ動かねえんだよ」という、その「理屈」は、「ことば」と置き換えてもいいと思うんです。

小野寺　なるほど。

三浦　要するにロゴスです。「ことば」なんかじゃ動かないと。でも、根のある「理屈」は違う。それを私は「根のあることば」に置き換えて理解したい。つまり、「『根のある理屈』『根のあることば』と『ただの理屈』『ただのことば』とは違うんだよ」ということを言いたいんです。

小野寺　なるほど。

三浦　「根のある理屈」なり「根のあることば」というものには、行動を変える力がある。そこで私は「根のある」ということを大事にしたいと思います。「根のあることば」について言うと、最初に紹介した栗山英樹さんの本の中に書いてあるんですけれど、「自分が読んだ本の中から、感銘を受けたことばをノートに盛んに書き写す。書き写すだけじゃなくて、事あるごとに読む」のだそうです。「事あるごとに読む」。私なりの理解で言うと、栗山さんは感銘を受けたことばをノートに書き写すだけじゃなくて、書いたノートを何度も読み返すことで、恐らく自分の心にことばの根を下ろしているのではないかと。そうして、ことばが根をもちはじめ、根のあることばとなって栗山さんをつくってきたのかなと感じます。

小野寺　今の話で思い出しました。結婚したとき、家内が大きな書棚を用意してくれたんですが、「この大半は、本ではなく、書き写しやメモなどのノートばかりではないの?」と言われました。ぼく自身、小学校教師から出発して、中高の教師時代が長く、忙しいなかでの唯一の研究方法は、西田哲学の全集をはじめ、研究書の中で感銘を受けた語句、要約をノートに書き写すことだったからです。栗山さんとまったく同じことをやっていましたね。要約につぐ要約がやがて根となり、自分の中で体系的に成長してきたのだと、今改めて認識しました。

三浦　そうだと思います。ことばと根の関係で、もう一つ、私が思い出すのは、アフガニスタンで銃撃にあって二〇一九年一二月に亡くなった医師の中村哲さん。あの方はバプティスト派のクリスチャンで洗礼を受けていますし、九州大学の医学部で、滝沢克己*の教えも受けています。

小野寺　ああ、そうですか。

三浦　滝沢克己を通じて、カール・バルトの本も随分読んだそうです。

小野寺　知らなかった。

三浦　中村さんは、新約の「山上の垂訓」は暗記するくらいよく知っていたそうです。若いときに内村鑑三の『後世への最大遺物』を読んで感銘を受け、「よし、日本のためにぼくは生きる」と決めたのだと、どこかに書いてありました。『聖書』を何度も何度も読んで、ことばが自分の心に根を下ろしていったんだというふうに、私は理解します。

小野寺　なるほどね。

三浦　中村哲さんはクリスチャンですが、「儒教」的なこともよく言うんです。

＊一九〇九－八四年。九州大学教授、ハイデルベルク大学名誉博士。専門は哲学、神学。西田幾多郎、カール・バルトの影響を受け、人間存在の根底に横たわる、神と人との「不可同・不可分・不可逆の原事実」を説く。

これがまたおもしろくて、小さい高校かどこかに講演に呼ばれて行って、ひとしきり講演が終わったあと、ある生徒が、「中村先生、アフガニスタンの本当に大変な状況のなかで、どうしてそういうことができるんですか」と聞いたそうです。そうしたら中村さんは、しばらく黙ったあと、「大和魂かな」と言ったそうです。『聖書』のことばではなくて、「大和魂かな」と。

小野寺　おもしろいですね。

三浦　そう、クリスチャンなのに「大和魂かな」と言ったというのは、すごくおもしろい。本居宣長の「敷島の大和心を人問わば朝日に匂ふ山桜花」という歌や、吉田松陰の「かくすればかくなるものと知りながら已《や》むに已《や》まれぬ大和魂」を連想して、中村哲さんも「已むに已まれぬ大和魂」という気概なのかなと思ったんです。

小野寺　そうですよ。

三浦　最後、銃撃されて亡くなりましたけれど。

小野寺　いや、それは本当に共感します。

三浦　「人間は理屈なんかじゃ動かない」というのは基本だと私は思います。しかし、「根のある理屈」「根のあることば」は人を突き動かしていき、突き動かすだけじゃなくて、その人に接した人が共感をもって受け取めることになっていく。栗山さんが感銘を受けたことばをノートに書くだけじゃなくて、何度も読み返す、それによって自分の心に根を下ろしていくのと同様に、中村哲さんはクリスチャンとして「山上の垂訓」を暗記するくらいに読み込み、内村鑑三の『後世の最大遺物』に感銘を受けて、内村の全集を読んだというくらい本を読んでいる。そして、洗礼を受けてキリスト教に入っていきながら、「大和魂かな」と言うわけです。

生涯を懸けるに値するもの

小野寺　大和魂かどうかはわからないけれども、ぼくの根底にも共通なものがあります。

戦時中、中学四年の頃、学徒動員で横浜の飛行機の計器工場に派遣されましたが、激しい爆撃で工場が焼け、三ヶ月で岩手に戻りました。それからすぐ岩手の後藤野《ごとうの》の飛行場に再派遣され、地下に兵舎を建設する作業を手伝いました。その頃、釜石の鉄工所が日本で初めてアメリカ海軍の砲撃を受け、その音が北上山脈を越えて聞こえてきました。その時、特攻機か偵察機かわかりませんが、一機飛び立つ瞬間をぼくは見た。ちょうど、最後の別れみたいな儀式があって、近くにいたので、ぼくはたまたま参加していました。

水盃を交わし、短い挨拶をして、あらゆる想い、矛盾を秘めて、祖国のために莞爾として飛び立って行ったんです。その後無事帰ってきたかどうか、秘密事項で知りませんが、「命を懸ける」というあの姿への感動は理屈を超えて、生涯消えないです。これはぼくのイデオロギーを超えた美意識でした。

その後、盛岡師範学校の学生のとき、スイス人の神父が岩手県の管区で、盛岡のカトリック教会にはスイス人神父が大勢いました。ぼくの中で特攻隊の姿と彼らがつながったんですよね。宮沢賢治も行ったことがあるらしいんだけれど、その教会は雙葉学園の端にあります。

神父たちは二〇代前後で若いから、「この人たちはスイスからやって来て、生涯を懸けて何を求めているんだ?」「何か生涯を捧げるに値するものをもっているんだ。その先は何だ?」と思ったんです。

それから、毎週出ている『カトリック新聞』を読むようになり、「彼らは一体何に懸けているんだ?」と、その先を探っていった。そうして「カトリックだな」ということになりました。

いろいろあって、戦後、ぼく自身ちょっとそれに近いもの、「生涯を懸けるに値するもの」を探すようになりました。

若いときというのは支離滅裂だけれど、根っこではみなその先を探しているわけで、今考えると、ぼくの場合はそれがカトリックとの出会いだったなと思うんです。特攻隊からいっているわけですよ。あらゆる矛盾を背負って、水盃を交わしていく彼らの、「武士の姿」というのかどうかは知らないけれど、「日本のために命を懸けている」姿は見事なものでした。そういう二つの場面があって、人には言っていないけれども、自分の中でつながるところがあります。

三浦　そうですか。

小野寺　二〇代前半の人が学徒兵で出征して少尉くらいになっているわけです。ある日ぼくがその将校と一緒にある用事で道を歩いていたら、「小野寺君、じつは日本には飛行機がないんだよ」と言うんです。花巻まで爆撃されて、実際に飛行場にあるのは練習機ばかりで、実戦に使えるのは何機もなかったと思います。「どうするんですか?」と聞いたら、彼は遠く空の彼方をジッとみつめて、「勝たねばならぬ……」とつぶやき、それから、「私はね、学徒出陣で二〇代で将校になった。私が指揮する兵隊というのは四〇歳に近いんだ、徴兵されてきた人たちだから偉い人もいる。それを若い私が指揮するって大変なんだよ、君」と話したことを思い出します。顔をみると本当に若かった。

何かに懸ける人たち、戦場に向かう人たち、いろいろな場面を見てきて、若いから敏感ですよね。「勝てるんですか?」と聞かれたら「それは無理だ」ということはわかっているけれど、空を見て「勝たねばならぬ」と言うわけでしょう。そういう場面、場面というのを見ると、やっぱり「懸けている」というか、窮地に立って指揮するということを必死でやっているわけです。ぼくは見ていて、「キリリとした表情で号令をかけたりしているけれど、そういう苦労が背後にあるのか」と思ったりしてね。ちょっとつながるものがある。

三浦　つながると思います。やっぱり、根っこということでしょうか。

小野寺　根っこなんですよ、その人たちの根っこに共通するものがある。まさに出陣しようとするときにああいう表情、莞爾としているというか、明るくというか、微動だにしないというか。一種の覚悟だと思いますね。

三浦　「勝たねばならぬ」というのは、吉田松陰のことばで言うと、やはり、「已むに已まれぬ大和魂」ということじゃないですか。

小野寺　あれは大和魂だった。とにかく日本を防衛するということで、当面は家族をはじめいろいろなものを守るために、大和魂の教育を吹き込まれた、ぼくも当時は「已むに已まれぬ」でしたよ。

三浦　「已むに已まれぬ」、国家主義的にその大和魂を利用されていくというところもあったかもしれないけれど、やっぱり「已むに已まれぬ」というのは、国家主義云々より、もっと深いところに……。

小野寺　そう、もっと根っこなんです。

学生時代のぼくの師ハインリヒ・デュモリン先生は、ドイツから日本にやって来て東京大学の大学院で賀茂真淵研究でドクターを取られたけれども、最初の著作は吉田松陰でしたね。

三浦　賀茂真淵の前に吉田松陰ということは、デュモリン神父は日本人の深いところにあるものを探ろうとしたんでしょうね。

小野寺　彼は禅だけじゃなくて、日本人の魂そのものに触れようとして、松陰に懸けたんです。そのことも今ようやくわかってきました。

三浦　中村哲さんもアフガニスタンであ あいうふうに亡くなりましたけれど、若いときに洗礼を受けたクリスチャンでありながら、講演に行って学生から

「なんで、そういうことができるんですか?」と質問されたときに、『聖書』のことばを言うわけではなく、「大和魂かな」ということばが出てくる。私は「ああ……」と思うんですね。

小野寺　本当にそうなんです。

三浦　「そういうものだろうな」って。

小野寺　そういうことが大事なんですね、根っこはそれなんですよ。

森「全一学」の「一」とは

小野寺　ぼくと同じ年齢で清泉女子大学でずっと教えていた、今も仲がいい同僚の英語の先生が、彼も奥さんも熱心なカトリック信徒なのですが、いつか、横浜から京都に徒歩で旅をするグループをつくって京都へ行ったというので、「どうでしたか?」と聞いたら、カトリックの一行で長く歩いて疲れ果てて、みなで神社に入ったときのことを、奥さんだったか彼だったか忘れてしまったけれど、こう話したんです。「神社の森のホッとする雰囲気の中に、何ともいえない安らぎを感じた」と。「本当にそうだ」という印象でしゃべっていたのを鮮明に憶えています。
　ぼくは、子どものときから神社に掃除やなんかで行っているでしょう。田植えで疲れたときは神社に行ってお昼を食べたり、神社の雰囲気というのは体にしみていて、よくわかるんです。カトリック信徒が神社で休んで、「あのとき感じた安らぎ」ということを非常に上手にしゃべっていましたから、ぼくは「はあ……」と思ったんですよ。どんなに熱心なカトリックだろうが、神社には日本人を癒す何かがある。やっぱり、根っこにあるわけです。忘れられないですね。
　神社にある日本人の宗教的雰囲気には深い根拠があります。あらゆる宗教というものは、それぞれ深い真理をもっているわけで、たとえば「キリスト教の神は一神教だ」と言うでしょう。「それはそうだ」とぼくも思うんです。だけれど、その「一」というのは、「石ころが一個ある」という一ではなくて、「全一*」の一でないといけません。

三浦　森信三先生のですね。

小野寺　ただの一ではないんです。諸宗教の深い真理というか、日本人をアットホームにさせたり、リラックスさせる、それから大和魂じゃないけれど奮起

＊西洋と東洋の思想を統合し人生の指針として唱えられた実践的な教え（「実践人の家」ウェブサイトより　http://www.jissenjin.or.jp/）

させる、そういう伝統的な宗教性の中に深い意味があるので、どんな熱心なカトリックであっても、「それを認めない」「感じない」というのはおかしいわけです。

三浦　おかしい。

小野寺　「一神教だ」とは言うけれども、「石ころが一個ある」という意味での一ではない。「カトリックが一神教だったら、ほかの宗教は邪教だ」という発想ではなくて、「全一の一でないと、本当の一ではない」と思うわけです。「無」と「空（くう）」ではないけれど、もっと場所論的に考えないといけないんだと、身にしみてわかりました。

やはり、「空」という概念を入れないといけない。「空即絶対無即絶対有」なんです。絶対有の神を、カトリックは唯一の神として礼拝する。それは啓示の神ですからね。しかし、絶対無の神が自己否定によって絶対有になるわけだから、啓示されてくるわけでしょう。

今までは啓示された神を絶対有として礼拝して、「創造者は唯一だ」としてきた。それは間違いではないけれど、「カトリックが唯一だから、違う宗教は受け入れない」ということではなくて、諸宗教のもっている真実性、大和魂とか、そういうものを現実的に受け入れながらの唯一というか、認めながらカトリックに懸けるというのでなければ、本当の信仰ではないと思うようになったんです。

三浦　そう思います。

小野寺　森先生は「全一学」という哲学を開拓した不世出の哲学者ですが、ぼくと会ったとき、「あなたの聖霊神学と俺の全一学は同じなんだ」と言いました。そのときはそれがどういうことかわからなかったけれど、今はよくわかります。そういうとらえ方でないと、日本では闊達自在に活躍できない。カトリックというのだったら、そういうカトリックでないとね。

三浦　そうですね。

小野寺　そう思うようになって、「絶対無即絶対有」、こういうとらえ方でないと、本当のカトリックではありえないと考えるようになったんです。きょうは三浦さんに「大和魂」について教わりましたけれど、根底はまったく同じです。

三浦　中村哲さんというのは、先ほどのエピソードで「大和魂」と言ったということでしたけれど、アフガニスタンの前にパキスタンでも活動していました。アフガニスタンで医療活動をして、さらに現地で井戸を掘って用水路もつくったといいます。彼はクリスチャンですが、イスラムを信仰している現地の人たちのことはそれはそれで尊重して、決して「キリスト教でないと」ということではなかったそうですよ。

小野寺　そうですか。

三浦　それもやはり「ああ、そうなんだな。だとすると大和魂もあってもいいな」というふうに思える理由です。

小野寺　逆にそれを生かさないと、本当の信仰とは言えないと思うんです。ぼくはずっとそういうことを考えてきたので、今日は救われました。

「根」への探究

根のある奴は　いつかは蓮の　花と咲く

三浦　人間は理屈では動かないかもしれないけれども、「根のある理屈」「根のあることば」になると様変わりしてくる、ということを申し上げました。

小野寺　今日はそういう場を与えていただいて実にありがたいと思っています。

三浦　この「根」ということでさらに言うと、映画『男はつらいよ』の主題歌の二番の歌詞に、「ドブに落ちても　根のある奴は　いつかは蓮（はちす）の花と咲く」とあります。この蓮はハスのことです。ハスのことを昔ハチスと言いましたから。「根っこがあれば、どんなところに落ちても、いつかは花と咲く」と。

小野寺　これはいいな。

三浦　やっぱり、根っこの話ですよね。

小野寺　よくわかります。

三浦　作詞したのは星野哲郎ですけれど、彼の本*を読むと、船村徹に声をかけられて作詞家になったんだけれど、最初は鳴かず飛ばずで、うまくいかなかった。もう田舎に帰ろうかなと言ったときもあった。そんな当時流行っていたのが、サガンの『悲しみよ今日は』という小説で、船村徹からタイトルをもらって書いた「思い出さん今日は」を、島倉千代子が歌ってヒットしたのがきっかけだった、ということが書いてありました。

話が逸れるようですけれど、星野さんのエピソードを本で読んで、星野さんには星野さんの苦労があって、そのときに意外や意外、ああいう演歌の歌詞を書いてきた星野さんが、当時流行っていたサガンの『悲しみよ今日は』を、タイトルだけかもしれないけれどヒントにして書いたものがヒットした。そういうルーツ、根っこがあるんだなと思いましたね。やっぱり、根ということが大事かなと。

小野寺　そういうことですか、なるほど。

＊『歌、いとしきものよ』（集英社、一九八四年）

新旧『聖書』をつなぐ根

三浦　小野寺先生はクリスチャンでいらっしゃいますけれど、私も学生のときから、ずっと『聖書』を読んできました。最初に読んだのは口語訳ですが、文語訳も読んだし、新共同訳とか、最近では五年前の二〇一八年に出た聖書協会共同訳、二〇一七年にはルターの宗教改革から五〇〇年ということで出た新改訳というふうに、いろいろな『聖書』を読みつづけています。

ことばと根の話の関連で申し上げますと、「ローマ人への手紙」、先生はどういうふうに読まれていましたか。「ローマじん」ですか、「ローマびと」ですか。

小野寺　「ローマじんへの手紙」とか「ロマ書」です。

三浦　今の訳だと、「ローマの信徒への手紙」というふうになっています、パウロがローマの信徒に送った手紙ですが、「ローマの信徒への手紙」の一五章をちょっと読んでみます。*

「神の栄光のためにキリストがあなたがたを受け入れてくださったように、あなたがたも互いに相手を受け入れなさい。わたしは言う。キリストは神の真実を現すために、割礼ある者たちに仕える者となられたのです。」。ユダヤ人の

* 『聖書協会共同訳 聖書』（聖書協会、二〇一八年）参照。

ことですね、ユダヤ教の人か。「それは、先祖たちに対する約束を確証されるためであり」、そしてもう一つこう言っているんです。「異邦人が神をその憐れみのゆえにたたえるようになるためです。」。

要するに、「ユダヤ人と異邦人のために福音はあるよ」ということを言って、そのあと、一五章に「イザヤ書」のことを書いています。

「イザヤはこう言っています。

『エッサイの根から芽が現れ、
異邦人を治めるために立ち上がる。

異邦人は彼に望みをかける。』

「エッサイの根から芽が現れる」、ここで「根」というのが出てくるんです。

小野寺　なるほど。

三浦　『エッサイの根から芽が現れ、
異邦人を治めるために立ち上がる。
異邦人は彼に望みをかける。』
「エッサイの根から芽が現れる」、これはイエス・キリストのことですよね。
じつは旧約聖書の「イザヤ書」一一章に、まったくそれと同じことが出てくるんです。
「エッサイの根は
すべての民の旗印として立てられ
国々はそれを求めて集う。
そのとどまるところは栄光に輝く。」
と、ここに「エッサイの根」が出てきますし、またその直前に「大地」という
ことばも出てくるんです。

小野寺　そうですか、出てきますか。

三浦　ええ。
「大地は主を知る知識で満たされる。
その日が来れば
エッサイの根は
すべての民の旗印として立てられ」と。

小野寺　これはいいことばですね。

三浦　「エッサイの根」、「イザヤ書」の一一章を踏まえて、パウロはローマの
信徒に「イザヤ書に『エッサイの根から』と、こう書いてあるじゃないか」と

送っているわけです。

さらに「イザヤ書」の今読んだところは、「サムエル記」から来ているんです。サムエルというのは預言者で、「サムエル記」の上一六章は、「主はサムエルに言われた。」で始まる。要するに神様がサムエルに言われたことばの中で「エッサイ」のことが出てくるんです。「主はサムエルに言われた。『いつまであなたは、サウルのことを嘆くのか。わたしは、イスラエルを治める王位から彼を退けた。角《つの》に油を満たして出かけなさい。あなたをベツレヘムのエッサイのもとに遣わそう。』」。

「サムエル記」で、神様が預言者サムエルに言われたことの中に「エッサイ」のことが出てきて、それがさらに「イザヤ書」に引き継がれ、さらにパウロの書簡に引き継がれてくるんです。

これは一つの例ですけれど、まったく根拠なく、一読書人としての私に言わせると、信仰と関係なく読んでも、聖書的世界観というのは「根の思想」だなと思うんですよ。

小野寺　なるほど、すべて根っこでつながっているわけだ。

三浦　イエス・キリストもそうだし、パウロも、「旧約聖書にこう書いてあるじゃないか」ということを、よく言うんですね。引照付き聖書を読むと、旧約聖書が根っこにあることがよくわかる。

「すべて根っこでつながっている」ということは、私にとって『男はつらいよ』の歌詞「ドブに落ちても　根のある奴は　いつかは蓮（はちす）の　花と咲く」のイメージと重なります。

歴史上いろいろな争いごとがあり、目を覆いたくなるような悲惨なことが後を絶たない。だけれど、『聖書』には「根っこでつながっていれば」ということが貫かれていると思うんです。

私の中で、「ドブに落ちても　根のある奴は」のドブというのは、いろいろなイメージがあって、ただ臭いものというだけでなく、さまざまな争いごと、現世の紛争もドブかもしれない。「しかし、根があれば必ずやがて」という希望がそこにある。「いつかは蓮の　花と咲く」ということだと思うんです。

小野寺　本当にそう思います。

人から人に伝えられていくもの

三浦　それともう一つ、私の中で重なるのが、花ではないのですが、遺伝物質でDNA、デオキシリボ核酸というのがありますね。一九五三年、このDNAの二重らせん構造がワトソン－クリックモデルで解明されまして、九年後の六二年にワトソンとクリックの二人はノーベル生理学・医学賞をもらいました。

先生はご覧になったことがあるかどうか、DNAがらせんになっているのを映像や写真で見ると、あの絡まりが、私には根っこに見えてしょうがないんですよ。親から子へ、子から孫へという遺伝、「何かが受け継がれていく」と言うとき、DNAのらせん構造が、まるで根っこに見えるんです。これは個人的な感覚ですし、イメージに過ぎないけれども、「何かが人から人に伝えられていく。それが意味をもつというときに、いかに根が大事か」ということを思わずにいられない。

一九歳の学生のときから、『聖書』をずっと読んできました、何種類も買って繰り返し読んできましたけれど、今感じるのは、『聖書』というのは、根の思想だなということなんです。

小野寺　おもしろい、そうですか。

三浦　歴史を貫いて根がある。しかも旧約の世界で、神様が預言者に語ったことばがずっと深く根を下ろしている。それこそ旧約の世界というのは、紀元前一〇〇〇年くらいから始まって、いろいろな預言者たちが現れますよね。

旧約聖書はヘブライ語で書かれています。新約聖書はイエス・キリストが亡くなってから一〇〇年くらいしてできてきたのでしょうけれど、ギリシア語で書かれていますが、新約になっても、ずっと地下でつながってきた根っこ、旧約の紀元前一〇〇〇年のことがことばとして取り上げられて、人々に伝えられていく。そう思って読むと、『聖書』はまさに根っこの話だなぁと。

『聖書』の解説書は次々に出るので、私はその何万分の一しか読めていませんが、このごろ、「『聖書』をもって『聖書』を読む」というのがすごくおもしろいと思っています。根っこを感じるというのか、人間の遺伝物質のＤＮＡのらせん構造みたいに、それを超えてどれだけ複雑に絡まっているかはわからないけれど、『聖書』の世界観というのは、確実に根の思想だなと感じますね。

小野寺　これが基礎ですよね、よくわかりました。

三浦　小野寺先生のお話にいつも感銘を受けるのですが、なぜかと考えてみるとやっぱりそこに重なるんです。中学生の頃に見られた、雪の間から顔を出したカタクリの花*のお話も……。

小野寺　考えてみると全部それでつながりますね。体系化するときに一番貴重なお話ですよ。とくに「『聖書』の旧約と新約が根っこでつながっている」というのは、初めて聞いたけれど、ぴったりきますね。

三浦　そうなんです。「歴史を超えて、根っこがつながっているんだな」と。最初に預言者に与えられたことば、それもことばです。

小野寺　そうです。

三浦　ことばなのだけれど、それが預言者を通じて人々の心に根を下ろしていく。それがずっと時を経て、新約の世界になって。

小野寺　おっしゃるとおりでね、じつは今日話そうと用意してきた内容が、その論理で整理するとすっきりとして、つながります。カタクリの花もそうだし、全部原点でつながっているんですよ。

ぼく自身、小学校二年生くらいで経験したさまざまなことを解明しようと思って、大学でハイデガーに入っていったんです。「神を追求する」という原点も小学校の二年生のときに意識化されました。

今日根っこの話を聞いて、ぼくが生涯を懸けて、なかなかつながらなくてそ

＊本書一一七頁〜。

の都度その都度、探究してきたものが、根の思想によって、全部つながりました。

小学校一年生のときに母に連れられて学校に行ったのは憶えていますが、当時のことはあんまり憶えていない。けれども二年生のときのことははっきり憶えていて、そこを原点にして今日までつながってきたと思います。

一番印象に残っているのが授業中のこと。ぼくはあまり勉強をしないで遊んでいる子どもでしたが、座席が一番後ろだったので、ある日の授業中、隣の生徒をつついたり、引っ張ったりして、いたずらをしていたんです。ワタナベ先生という女の先生が担任だったのですが、板書をしていたと思ったらパッと後ろを振り返って、「小野寺さん、あなたは何をしているんですか？　先生が見ていないと思って、そういういたずらをするの？　先生が見ていなくても、天井の節穴から神様が、じっとあなたを見ているのよ」と叱って、また板書をはじめたんです。当時の小学校は木造で天井が節穴だらけだったんですね。ぼくは初めて叱られて、「天井の節穴から神様が、じっとあなたを見ている」と言われた。これは一生忘れないです。

その日家に帰って、寝る前に寝そべって天井を見てみたら、農家だから同じく天井は節穴だらけで、神という概念はわからなかったけれど、先生が言った意味はよくわかった。「先生が見ていなくても、見ているものがいる」というのはピーンときたんです。それが神を意識した最初でした。

見ているものがいる

三浦　小学二年生。

小野寺　はい。一年生のときは「かごめかごめ」の遊戯をさせられたんですが、ぼくは不器用で適応できなかった。先生に叱られて、たった一人、輪の真ん中に立たされて、ぼくは泣いたと思うんです。涙で曇った目で、自分の周りをグルグル回っていたみんなを見ていたことだけは憶えています。

二年生になってちょっと自覚が出てきました。「先生が見ていなくても、見ているものがいる」と言われて、家の天井の節穴が神だとは絶対思わなかった。でも、「見ているものがいる」という意味はわかったんです。これがぼくの神意識の原点でしたね。

二番目に印象に残っているのが、作文です。当時の小学校は自由には書かせず、一貫して「先生がテーマを出して作文を書かせる」という形でした。ある日の作文のテーマは「父親について」で、「お父さんについて書きなさい」と言われたんですが、ぼくは生まれた翌年に親父が死んでいますからね。

三浦　交通事故で、とおっしゃいましたか。

小野寺　そうです。うちの親父は軍人で、三十一連隊からシベリア出兵なんかもしました。村人に親父について聞くと、「すごく立派な男で軍隊でも評判だった」と言われたし、写真を見ても凛としているわけですが、ぼくが生まれた翌年に事故で死んでいますからまったく知らない。ぼくは母似のタイプだけれど、兄貴は背が高くしっかりした男で父のタイプ。その兄貴も「わずかに知っている」と言っていました。

仏壇の上に額縁があって、背広を着た親父の写真が飾ってあるのを毎日見ているだけなので、「お父さんについて書きなさい」と言われても、書くことがなくて。「私の父親は軍人でしたけれど、事故で死にました。今は仏壇の上の額に入った写真があり、そこから、じっと私を見つめています」というような幼稚な文章を書いたと思います。

そうしたら、先生がそれを翌週読み上げた後で、「このクラスでお父さんがいないのは小野寺さんだけか」と言ったんです。ぼくはそのとき「いない」という不在の感覚を初めてもちました。ピーンときたというか、「このクラスで父がいないのはぼくしかいない？　「不在」ってどういうこと？　「死」っていうのは何？」と思いました。そして、この時の先生のことばもぼくの中で生涯頭のなかから消えることはなかったです。

それから、六年生のある日、鮮明に憶えているけれど、〝小使いさん〟が教室のドアをダダダダッと叩いて、「千葉君、お父さんが危篤だ、すぐに家に帰りなさい」と言った。千葉君はすぐ道具をしまって、カバンを背負って、ぼくは窓際の席だったから、真っすぐに田んぼ道を走って家に帰っていく彼を見ていました。その翌日に千葉君のお父さんが亡くなったので、「ああ、お父さんがまたいなくなったな。クラスで二人になったな」と思いました。

小学校二年生のとき、「父親がいない」ということを自覚して、六年生のとき、千葉君のお父さんが亡くなった。窓の外を見て自分なりに祈ったのを憶えているんです。「不在」ということを自覚しましたし、「元気で生きている」ということと「死」という問題が、意識の奥底にずっと残っていきましたね。そして無意識の祈りも。

大学院に入って「Sein zum Tode（死への存在）」というハイデガーの哲学をやろうと思ったのも、「父親がいない」「死んだ」「クラスで小野寺さんだけ」ということばがずっと根っこにあって、「死ぬって、どういうことなんだ？」という問いへのぼくなりの追究でした。

村人からあとで「君のお父さんは……」とか、いろいろ聞いて、父親像がわずかにできてきたのですが、大学院に入ってからは、ツルゲーネフの『父と子』という有名な小説を何度も読んだり、外国人神父さんたちのパイプをくわえた非常に男らしい姿などを見て、「ああ、父親って、こういうものか」と、あらゆる場面で父親像というのを吸収してきました。

「先生が見ていなくても、見ているものがいる」というさりげないことばにピンときたことで、いまだにそうですよね。「人間の認識や目以外に、絶対者のようなものが存在する」という自覚が小学校二年生のときにあって以来、ずっと探究してきました、根っこはそれだったと思います。子どものときの体験というのは、非常に重要ですね。

父なるものとカトリック

三浦　どんな人でも子どものころの思い出はあると思いますが、小野寺先生の場合、お話をうかがっていると、いつも思索の根が「そこ」にあって、「そこ」から考えて、思考が巡る。絶対に「そこ」を外さないというふうに感じるんです。

小野寺　そうですね。たとえばカトリックを選んだとき、キリスト教の絶対者を「父なる神」と呼ぶことに、何か非常に縁があるように思ったんです。

逆に言うと、うちの母親は助産婦として生計を立てていて、自分自身は女性的なるものというか、母に支えられて生きたわけです。遠藤周作とちょっと似ているかもしれないけれど、母親の影響は決定的です。

母に支えられて何も不自由がなかったのだけれど、しかし、「不在なる父というものは何なのか？　究極的にどういう意味をもっているのか？」という問いが、キリスト教に入る一つのきっかけではあったんですね。非常に深い教えがありますから。仏教でもよかったわけですし、仏教の影響も結構あったのですが、なぜキリスト教を選んだかというと、「天にましますわれらの父よ」と祈るということが決定的な根拠になったのだと思います。

教会には司祭たち、すばらしい宣教師がいて、「父親ってこういうものか」ということを意識させてくれ、ぼくにとってカトリックが「父なるもの」の究極を指し示してくれる存在となりました。その永遠なるものとは何か、生涯懸けて探究してみようということで、つながっています。

倦まずたゆまずそういうものを探究すると同時に、母によって生かされてきたので、遠藤周作的な母なるものへの思いも、両面があるわけです。遠藤周作は、父なるものについてあまり言わず、母なるものに徹底していきますが、ぼくはそれと同時に父なるものを、逆対応的に意識してきましたね。

カトリックには、父なる神と聖母に対する信心、母なるものに対する深い遺産があります。「カトリックには自分の信仰を懸けるに値する内容が揃っている」と思いましたので、終始一貫追究できたような気がします。

今考えるとこれも、小学校二年生の素朴な体験が根っこだったんだなと。

三浦　小野寺先生の思索に、ずっと途切れずにエピソードがつながってきている。さきほど言ったDNAのらせん構造みたいな、蓮の根っこみたいな感じで、「切れていない」と言うのかな。

小野寺　切れていない、確かにそうですよ。

三浦　昨年は春風社から、まだ書籍化されていなかった先生のお原稿を『日本の神学を求めて』としてまとめ、続いて、三一書房さんから出ていた『大地の哲学』の新版という形で、『新版　大地の哲学――三位一体の於てある場所』を出させていただきました。

私は『新版　大地の哲学』の一三一頁の小野寺先生のことばと重ね合わせながら今のお話をうかがっていました。こんなふうに書かれています。

「ただはっきりいえることは、私の場合は、聖書研究といった一般的コースをたどらないで、それ以前に私の中に働くものがあり、それと実際に福音を生きぬく司祭像にあるものを予感したといった方が適切かも知れない。幸か不幸か、私の思想は生きて働くものでないと決して共感しない。その意味で私の『響存的理性』*は触覚のようであり、常に全人格的予感が先行して、まず『響き』があって、それから思考が働く。しかしその『響存的理性』は単なる主観ではなく、真実の客観に向かってどこまでもその根源を問い求めてやまない。そういう根源的な感知力が私をカトリックに導いたのではないかという気がするのである。」

＊キルケゴールの「実存」に対し、「存在者逆説空」の鈴木亨が自身の立場を「響存」哲学とした。

根源ということばが出てきますね。エピソードから根が伸びて、思索が創造されていく。それが練り上げられていくということかなと理解します。

小野寺　そのとおりです。

三浦　いわゆる聖書研究という王道のコースではなくて、常に小野寺先生の子どものときの実の経験・体験と合わせながら培われてきたものかなと。

小野寺　本当におっしゃるとおりで、そこが根だったんですね。

哲学以前の直観

小野寺　理性的な自覚という以前のものですよね。子どもの感性というのか、たとえば神社でのあの体験。* そういうことが根っこにあって、ぼくの場合、聖書研究もやりましたけれど、その前にこういう前提、生活の中に実感するもの、直観的なものがあって、それを解明するために勉強するような感じでしたね。

三浦　今「直観的なものがあって」とおっしゃった。

小野寺　そうです。

三浦　「チョッカン」と言うときに、文字で書くとカンは感じるの「感」と、

＊本書三三頁。

観察するの「観」とがあるじゃないですか。大事なのは、小野寺先生の本を読んでお話をうかがっていると、それが観察の「観」だということ。辞書で見ると、直観というのは「フィールではない」と書いてあります。フィーリングの「感」じゃないんです。こういうふうに説明してある辞書もあります。「直知、あるいは直覚というような言い換えもできる」。

小野寺　直覚、そうですよ。

三浦　だから、直観というのは、直接知る、直に覚知することなんです。

小野寺　こんなことばを使ってはいけないかもしれませんが、素朴で幼稚なものが始まりだったと思います。子どもなりの感性というか、「純粋経験」*なので決して忘れない、まさに原点のような感じなんです。哲学的ではなくて、もっと以前の感性的直観というのかな。やっぱり根の問題ですよね。

三浦　そうですね。小野寺先生のお話で、私がいつも感銘を受けるのは、「ああ、根だな」と感じて、振り返ったときに、根っことというのがいかに大事かというふうに自分のことも思うし、先ほどの栗山英樹さんのことも、中村哲さんのこともですが、自分の心に蒔かれた種としてのことばが、いかにそれぞれの人の心に根を下ろしていくかということ。時が満ちて、それが形になってきたとき

＊西田幾多郎は、自己の主観・客観がわかれる以前の根本的な経験のことを「純粋経験」と呼んだ。

に、人を感動させ、動きをつくっていくんだと思うんです。

小野寺　シモーヌ・ヴェイユが著作『根を持つこと』を出したとき、一番早く反応したのは鈴木大拙*でした。心霊上の事実、つまり純粋経験は「根」であると理解していたから。そういうことだったんですね、なるほど、そうか。

三浦　私は先生のお話からいつもそれを感じているのですが、反対に、私がいろいろ読んだりイメージしたりすることについて、先生がどんなふうに受け止めてくださっているかと……。

小野寺　図星なんです。非常に共感してしまうというか、自覚を促されています。「ああ、そういうことなのか」といつも思って、晩年になって整理するのに、こんなにありがたいことはないですよ。根っこの問題を取り上げられることは今までほとんどなかったですから。

*一八七〇－一九六六年。仏教学者。海外に仏教、禅の思想を広めるとともに「日本的霊性」を提唱した。

分野を超えてつながる

無意識まで掘り下げる

三浦　今日のために小野寺先生の著作を何度も読み返して、また西田のもの、田辺のもの、鈴木亨先生のものの中にも、「根」とか「根源」ということがよく出てくることをあらためて感じました。

小野寺　これは本当にありがたい。

三浦　とくに先生の書いているものの中には頻繁に出てくるので、これはもう意味だけじゃなくて、私の感覚では、小野寺先生の無意識にまで及んで、すでに根っこになっているんだと思うんですよ。

小野寺　根の問題でした。

三浦　「無意識のところ」こそが、根だと思うんです。

小野寺　そのとおりですね、無意識なんです。

三浦　そこまでのことが論じられているという感じがします。

小野寺　本能的直観というかね、西田でいえば「純粋経験」ですね。

三浦　意味だけではなくて、小野寺先生の目がグッと止まる、注目されるのはいつも根の部分なんです。たとえば、『新版 大地の哲学』の中で逢坂元吉郎のことを言っているところ。* 逢坂のことばを引用して書かれているんだけれど、この中にもやっぱり根っこの話が出てきます。逢坂は、「木の根はその枝によって知られないで、その幹によって知られる。そこでわれわれはプロテスタントとカトリックのいずれを取るべきかを言うべきではないであろう。ただキリストの生命に与るべきである。ことに日本のキリスト教は先ずその根幹が何であるかに想到することを要するであろう。」と。意識が根に向かうんですね。

小野寺　そうですね。

三浦　こういうことが、いろいろなところに出てきます。

小野寺　いや、ありがたいです。

三浦　次に、同書の八章「西田哲学とカトリック」から引きましょう。「この『心霊上の事実』という西田先生の表現は」、これは小野寺先生のことばですけれどね、そのあと、「ですから」のところをちょっと見てください。

＊『新版 大地の哲学――三位一体の於てある場所』（春風社、二〇二二年）二八七頁。

「ですからこのことは、従来の宗教の単なる教義面とか、組織面にとらわれず、端的に霊性という人間の最も根源的……」ということは、これは、根っこのことですね。

小野寺　はい。

三浦　さらに、次の段落の頭ですけれど、「明治以後日本に入ってきたキリスト教は、底が浅く、この『霊性的自覚』を本格的な意味で掘り下げようとする着眼と余裕に欠けるものがあったというのが私の見解です。」と。「掘り下げよう」ということで、やはり根っこに向かっています。

小野寺　そうです。

三浦　「掘り下げていって、根っこまで」というように、おそらく小野寺先生は、ご自身のエピソードを絶対に生涯忘れない。そこから発して、思索を重ねているから、個人もそうだし、日本ということを考えるときにも、「そこまで掘り下げていかないといけないんだ」とおっしゃる。そこが先生から何度もお話をうかがっている高橋正治《しょうじ》先生*とも重なってくるんです。

小野寺　そこは肝心なところですね。

高橋正治先生の生涯というのは、大和魂じゃないけれども、日本人の民族の

＊一九二五－九五年。国文学者。元・清泉女子大学教授。

根本、日本的な精神史の根っこのところから解明したいという思いで、哲学科に入らないで国文科に行かれたのではないかと思うんです。

それが、たまたまぼくの哲学と出会った。というか、ぼくも結局最後は、高橋先生の解明した思想と論理の方に傾斜してきていますからね。

三浦　そうですね。

小野寺　三浦さんの方が文学に詳しいので助かるんですけども、いつか高橋先生にこう告白されたことがあります。

「私は戦時中は海軍の特攻で、敗戦で命拾いをしたので、本当は東京大学の哲学科に入りたかったけれども、下手をすると西洋哲学の研究で終わってしまう。そこで本当は日本人の心と哲学を学ぼうと思ったら、日本の古典文学を学ぶに限ると思って国文科を志望した」と。

そんな背景から日本の哲学を探究しているぼくに接近されたのだと思います。

結節点だから託された

三浦　小野寺先生は、私から見るといろいろなものの「結節点」にあると思っています。

小野寺 なるほど。

三浦 そこに収斂して集まってきて、結節点になって、そこから、また展開してゆく、まさに結節点だと思うんですね。

たとえば、先生がずっとテーマにされてきた「絶対無と神」ということ。宮坂宥洪さんの『インド留学僧の記』で、「無」と「空（くう）」の話があったじゃないですか。サンスクリット語の方から、「0（ゼロ）の発見」のことも。そういうことを補助線にすると、私には、先生がずっとおっしゃってきたことが「なるほど」と理解できるんです。

それから、同僚である高橋正治先生から託されたということ。

小野寺 はい。

三浦 哲学ではなく文学畑の高橋先生が、小野寺先生に託した。また、栗山茂樹さんが「不世出の哲学者」と評した森信三先生が、最後に小野寺先生に「新井奥邃*のことを頼む」と言った、そういうふうにね。

小野寺 ああ、そうか。

三浦 小野寺先生は、やはり結節点だと思うんです。

＊一八四六－一九二二年。宗教家。詳しくは『新井奥邃著作集』（春風社、二〇〇〇～〇六年）。

小野寺　高橋正治先生は、東大時代に全国の相撲大会に出て優勝したというくらい偉丈夫で、背が高くて均整がとれていて、非常にハンサムで、見事な男でした。

ところが、「七〇歳から総まとめをする」と言っていたら、七〇歳で退職後急に亡くなってしまったんです。亡くなる前に研究室に呼ばれて、「小野寺君、頼むよ」と言われたので、「国文科にいっぱい優秀な先生方がいるのに、なぜぼくに頼むのかな」と思ったけれども、今考えると、何か期するものがあったんでしょうね。

森信三先生も、九〇過ぎて倒れて、もう先がないと思ったのか、わざわざご自身の誕生日を選んで、遺言のように「奥邃を頼む」とおっしゃった。四〇通か五〇通くらいの長い手紙が来ているんですが、その中にも「奥邃を頼む」ということが書いてありました。そのころのぼくは「任に非ず」という感じだったんですけれど、今はよくわかるので、「この課題に応えなければいけない」という気持ちです。

三浦　小野寺先生は結節点なわけだから、託されたんだと思いますよ。

小野寺　今自覚しました。

三浦　先生はよく「西田、田辺、鈴木亨」とおっしゃるじゃないですか。私は、その次は小野寺先生だと思っています。昨年の新井奥邃記念会*でも申し上げましたけれど、小野寺先生は哲学のところからいっても結節点にあるし、それから、高橋正治先生の国文学から入っても結節点。

小野寺　なるほど。

三浦　森信三先生の「全一学」の方から見ても結節点。

小野寺　想像するに、みな命懸けで頼んでいるんですよね。それは根っこの問題なんだ。

三浦　そうだと思います。さらに、結節点というところで、先生から今年の冬、こういうお手紙をいただきましたので、前半だけ読ませていただきます。

「急に寒くなってまいりました。昨年は多くの革新的事柄についてご教授賜り感性的なつながりを得たことに感謝いたしております。私は若い頃、鈴木大拙の日本的霊性論から出発し、西田を媒介に、聖霊神学への道を開拓してきましたが、その場合、鈴木大拙は禅者として源氏物語などの古典文学も霊性に到達以前と解釈している点があって、踏み込んできませんでした。しかしこの点のみは、鈴木大拙といえども未到の部分であり、高橋正治先生の捨身の探究

＊講演録を本書一二五頁〜に収載。

に」と、先生は書いています。「高橋正治先生の捨身の」と、捨て身ですから、要するに「命懸けの」ということですね。「捨身の探究に、さらにその奥があると考えるようになりました。」

これも、小野寺先生が結節点にあって、ちゃんと育んでいる根っこを高橋先生が感じられたからこそ託されたんだと思うんです。

小野寺　なるほど、よくわかりました。「急に病気になったり、行き詰ったりして、窮余の一策みたいに思って頼まれたのかな」と思っていた面があったんですけれど、そうじゃなかった。つながりましたよ。

高橋正治先生のこと

小野寺　ぼくが大学に行って何ヶ月か経ったとき、高橋正治先生が研究室にわざわざやって来て、「小野寺さん、聞くところによると、あなたは西田研究者だというのだけれど、どうして自分の哲学をやらないの?」と質問されたんです。そのとき、何と答えたかはっきり憶えていないけれど、とにかく、「西田と出会って、こういうことをやってきました」という話をして別れました。

半年くらいして、またいきなり高橋先生がやって来て、「いや、小野寺さん、この前会ったときは失礼なことを言ってしまった。あのあと、ぼくは西田の『一般者の自覚的体系』も読んだのだけれど、万葉から源氏に来て、道元、親鸞、鎌倉時代までの日本の古典文学の流れをずっと追ってきている。西田の『一般者の自覚的体系』で確立した自覚の深まりの論理体系と、古典文学の流れ、自覚のプロセスとがまったく同じで驚いた。そういう意味で、自分はこれから文学の自覚的体系をまとめるんだけれども、西田哲学の方からの研究と関連があると思うから一緒にやりたい」と言われたんです。

その後、結婚式か何かがあって二人で一緒に出かけたとき、急に雨が降ってきまして、「ちょっと時間があるから喫茶店に入らないか」と言われて、そこで「研究所をつくろうと思うんだけれど、一人じゃできないから、あなた、協力してくれるか?」と言われて、高橋先生は学長の信任が絶大ですから、案が通ったので、その研究所活動を一緒にしながら、彼もぼくもたくさんの論文を書いた。そういうプロセスがありました。

高橋先生にはこういう体験があるんです。かつて彼が特攻隊員として出征する前に、「遺書を書いて、逗子の自宅を訪れてお別れをしてこい」と言われ、それをして改めて横須賀の景色を見たときのことを、「死を自覚したとき、自然とか花の美しさというのは、いつもと全然違うんだ。あれは衝撃だった」と言っておられました。死を決意したあとで敗戦になって助かったのですけれど。

それから十年くらいして、高橋先生は論文をたくさん書いてまとめていたのですが、何かの会合か、亡くなった方のミサか葬儀だったか忘れましたけれど、「自分の同僚・先輩が特攻で亡くなった。私は生き残って研究をしてきた。この研究、日本の精神史の自覚の論理体系を考察した論文と著作を、戦死したあなた方に捧げます」という挨拶をして、たくさんの人がいる前で泣いたんです。彼は滅多に泣く人じゃないんですよ。「この研究を戦死したあなた方に捧げます」と言って、そこで泣いたんです。ぼくは横で見ていて、「彼は命を懸けている」と思った。そういうことがありました。

あの研究って、やはり命懸けだったんですよね。七〇代から研究論文を集成しようと思って、原稿用紙もいっぱい買いためていたのですが、ある日ぼくを研究室に呼ばれ、「この研究成果をまとめるのを頼むよ」と言われた。分野が違うので悩みながら、『聖霊の神学』*に二篇出して、奥さんには「約束を守りました」と言ったんだけれど、でも、彼の研究というのはそんな程度じゃない。

＊『聖霊の神学』（春風社、二〇〇三年）第三部に収載。

すごい内容だと思うんです。

ブルトマン*は「絶対無」の領域の解釈までいかずに『聖書』を解釈しているわけです。途中で終わってしまっている。しかし高橋正治先生は「無の世界の解釈学」という論文を書いて論理体系を築いたから、本当に『聖書』を解釈するんだったら、さっき三浦さんが言われた、旧約、新約を通して流れる根っこの自覚のプロセス、あれを当てはめていくと、すごいことになると思うんですよ。

高橋先生の探究は文学だけれど、解釈学というのはとても深いから、日本的霊性というか、文学的な深まりがある。彼はものすごく頭がいい。和歌から源氏から何からよく読んでいるし、歴史的に知っていて、「純粋経験」の自覚の論理、「無の解釈学」までいっているんですが、世界的な影響を与えているディルタイやブルトマンなんかを見ても、まだその手前なんです。ブルトマンの解釈学をもっと深めて「無の解釈学」までいくと、根のところがさらに深く解釈できるのでないか、と。それを彼は狙っていた。そこまで深まっていたと思います。

高橋先生は、そういう研究を進めてカトリック信徒になったんだけれど、ま

*ルドルフ・カール・ブルトマン（一八八四－一九七六）。ドイツの神学者。

だ入信する前、国文学を講義していると、よく学生がシスターに「高橋先生は信者ですか?」と質問するというのです。「いや、信者じゃありませんよ」と言うと、「ああ、そうですか」と。そういう生徒が、毎年何人も出てきたそうです。

彼の古典文学の歴史的な論理体系、『聖書』もより深く解釈できる「無の解釈学」、あれは途中で終わっているんですけれど、今後さらにこれを継承発展させていきたいと考えています。

高橋先生はよく「西田哲学の論理というのは、私が文学で開拓した論理とまったく構造が同じだ」と言っていました。それを考えると、さらに展開する課題ですよね。個人ではできなかったかもしれないけれど、ぼくが気がつかない点を三浦さんにいろいろ教えてもらって、こうやって共通の場になってきました。ずいぶん発展しましたよ。そういう意味で、今が、極めて重要なところに来ているという気がします。

影響（かげひびき）というとらえ方

共鳴する根っこ

三浦　個人的なエピソードも含めて、こうして小野寺先生からお話をうかがうといつも元気になります。

小野寺　いや、ぼくは逆に、三浦さんの話を聞いてどんどん啓発されます。たとえば、三浦さんのお母さんが「よくごみを拾う」というエピソードひとつ聞いても、清潔感というより、「空（くう）」と「無」の話ではないけれど、ほかの人にない三浦さんの考え方の綿密さの原点が見えるんです。

ごみ拾いの綿密さというのは、森信三先生の中にも典型的に生きている。非常に具体的で、清潔という程度のものではないわけです。人間の霊性、生き方、根本にかかわる重要さを言っているわけで、「そこに目を向けないようではだめだ」と。そういうところ、三浦さんはいつも図星なんですよね。新井奥邃の全集を出版するという事業だけではなく、奥邃の価値を「見通す力」が三浦さんを支えているじゃないですか。これも根ですね。

実にぼくはそこから深い啓発を受けているわけで、以前話されていた「『大菩薩峠』を読んでいて駅を乗り過ごした」なんていう話*もよくわかってきましたよ。出版という事業を通して、壮大な一つの背景をもった課題を実現されている。

ぼくにも似たような傾向があるから、三浦さんが出した本を握っただけで、「これは革命的だ」と、手の感触でわかってしまうんです。そういう不思議な田舎者同士のエコー（笑）がありますよね。精神的エコー、根っこの共鳴というかね。こういうことが今大事なんじゃないかな。

三浦　時のひと、大谷翔平選手も小野寺先生と同じ岩手ですね。

小野寺　そうですよ、学校が花巻ですね。佐々木朗希選手もそうだしね。

三浦　そうでした。

小野寺　象徴的だと思っています。見えないところでつながってきた何かがそういうふうに、表に少しずつ現れていると感じる。秋田もそうだし、新井奥邃もそうですし。徐々に、徐々にね。

＊本書一三三頁。

三浦　いつかもお話ししましたけれど、中村千代松、木公《もっこう》さんは、秋田から選出されて国会議員もやった人ですけれど、「いろいろな偉い人に会ったけれど、新井先生ほどの人はいない。どこが違うかというと、新井先生には根がある。そこがほかの人と違うんだ」ということを『随感録』に書いています。

高橋正治先生も、森信三先生も、鈴木亨先生も、小野寺先生に根っこを感じているんだと思うんです。それぞれ分野が違っても、小野寺先生に根を感じて、それで小野寺先生に託すという。

小野寺　そう言われれば、たとえば森先生と知り合ったとき、ぼくは高校の教師でまだ大学に行っていなかったんですが、大学教授で学長までやった鈴木亨先生を神戸に呼んで、ぼくに会わせたんです。「なんでわざわざ京都から鈴木先生を呼び寄せて、一晩自分の家に泊まらせてまで、業績もないぼくと哲学論議させたんだろう」と思いました。鈴木先生も「来て損した」というふうではなくて「こいつ、何か脈がある」と思ってくれたのか、何か知らないけれどそこから本格的な交流が始まったので。

三浦　根を感じたんだと思いますよ。

小野寺　自分では気づかなかった。

三浦　それはさっきの蓮の根かもしれないし、山芋の根かもしれないし、片栗粉をつくるカタクリの根かもしれない。
小野寺　根っこですね。

『聖書』というコスモロジー

三浦　私は『聖書』を四〇年以上読んできましたけれども、根というのは、このごろすごく感じるんです。旧約、新約を通じて、キリスト教というより、私なりには『聖書』の世界観というかコスモロジー、宇宙観と言ったらいいのか。
小野寺　そうか、コスモロジーだ。
三浦　コスモロジーは根の思想だと思いますね。
小野寺　そうです。
三浦　日本文学で言うと、歌の世界では本歌取りというのがあって、私は『万葉集』『古今和歌集』『新古今和歌集』を少しずつ全部読み返していて、今朝も『新古今和歌集』を読んできました。
『古今和歌集』の歌人たちは、『万葉集』を踏まえて本歌取りしている。『万葉集』の歌を意識して、さらにアレンジして自分なりに詠うわけです。パクるとか盗作とか、そういうことではなくて、「歌を一部使って、その歌の心を踏まえて、自分が詠う」というのが、いわば日本人の歌の心だと思うんですよ。

小野寺　なるほど。

三浦　本歌取りというのは、テクニックだけの問題じゃなくて、根本にあるのは「先人の歌詠みたちの心を踏まえて、今を詠う」こと。それが『古今和歌集』、さらに、今読んでいる『新古今和歌集』では、定家や慈円、いろいろな歌人たちが出てきますけれど、その歌人たちは、『古今和歌集』『万葉集』を踏まえ、また本歌取りして、歌を詠むんです。

小野寺　そうか。

三浦　そうすると、私は『聖書』と同じだなと思うんです。旧約を踏まえて、新約でパウロが語る、イエスが語るというように、日本人は、古い歌詠みたちが詠った心を踏まえて、今を詠む。それはつまり「時を超える」ということで、共通のような気がするんです。人間の命は数十年、せいぜい一〇〇年ですから。

小野寺　そうなんですよ。日本文化というのは、そういう歴史、来歴をもっています。たとえば、カトリック教会というのは、世界で一〇〇〇年とか一五〇〇年続いているわけですが、世界に類例がない天皇制というのも、是非はともかく一〇〇〇年を超える歴史がある。世界をみてこれほどの継続性をもったものは、カトリックと日本くらいしかないわけです。

根っこの部分で継承、伝承するために、宗教という形をとるか、文学という形をとるか、それぞれですけれど、とにかく一〇〇〇年も一五〇〇年も続いているものはこの二つしかない。そこから出てくるのが大和魂なんだと思います。昭和のある時期の軍国主義のことではなくて、もっと深いところで続くもの。

三浦　私は、それが「根」だと思うんですね。

小野寺　そう、「根」ですよ。

新井奥邃の「影響」

三浦　中村千代松さんが新井奥邃の人物評として「根がある」と言ったことをお話ししましたが、奥邃は影響という熟語を「えいきょう」と読ませないで、「かげひびき」と読ませるんです。*

小野寺　おもしろいな。

* 『新井奥邃著作集』（春風社、二〇〇〇〜〇六年）より。

三浦　そうすると、人間が人間に何かを伝えていくというときの境涯を感じるというかね。奥邃が「影響」と書いて、なぜ「かげひびき」と読ませたかし考えるんです。

小野寺　「かげひびき」。

三浦　私はいいことばだなと思います。奥邃は否定的なニュアンスで使っていますが、熟語としては「えいきょう」と読むよりも「かげひびき」と読む方が光の意味をもつ「かげ」のニュアンスが表されておもしろい。鈴木亨先牛に言わせると「響存」、「響いてある」ということでしょう。実存じゃなくて、エコージステンス。

小野寺　エコージステンス（Echosistence）。非在の響きですね。

三浦　響存。それは奥邃の「かげひびき」というのと、根本のところで通底すると思うんですよ。

小野寺　そう思います。

三浦　もっと言うと、今日ここにいる編集者ですけれど、実家が伊勢神宮のすぐそばなんですよ。「縁」ということを考えたときに、「何をこうして、どこで話をして、あの先生の影響を受けました」というようなことばかりではないはずなんです。日本語で「親の背中を見て育つ」ということを言いますね。あれもやはり「かげひびき」だと思うんです。「ことばではない」ということではなく、ことばも大事だけれど、やはり「根のあることば」の「根」が大事ということだし、根というところにいくと、ことばもそうなんだけれども、ことばではない「かげひびき」もあると。

小野寺　そう、それは本当だ。「響存」って、そういう意味ですね。

三浦　「響いてある」ということですから。

小野寺　初めて聞いたことばですけれどね。すごいな、これだ。鈴木先生は一切喧伝することなく一〇三歳で亡くなりましたから、孤独といえば孤独ですけれど、そう思うことなく毅然として一〇二歳まで過ごされました。

ぼくは膨大な手紙をもらっていて、「俺の哲学を本当に理解したのは、あなただけだ」とあってね。それが何だかよくわからなかったんですよ。そんなによく理解しているわけじゃないし、何のことだろうと、いまだに思っていたんだけれど、今の話を聞いてつながりました。「かげひびき」ですよ。

三浦　「親の背中を見て育つ」もそうだし、あるいは「同じ釜の飯を食う」ということだってそうだと思います。そういう境涯というか、感じ方が日本人にはあるんですよね。

小野寺　いや、これはおもしろい。

三浦　春風社は創業して二四年目を迎えましたが、おそらく六月か七月くらいには、刊行点数が一〇〇〇点を超えます。小野寺先生はいつも褒めてくださってありがたいのですが、『新井奥邃著作集』（全九巻別巻一）を出したことで、私が何かことばで言わなくても、うちに集ってきてくださる人たちに奥邃の息吹みたいなものが「かげひびき」となって伝わればいいなというふうに思っています。

小野寺　そういうことが、出版不況下でこれから逆に響いてくるはずだし、実際ぼくの中で、別に頼まれたわけではなくて、おのずから使命感にまで高まってきていますね。

三浦　ありがたいです。小野寺先生のエピソードも、たとえば、先日お原稿のコピー*をいただいた中に「カタクリの花について、自分もそれを論理的に説明できないけれども、大事なエピソードとしてある」ということが書かれていましたが、先生はご自分のいろいろな体験を、奥邃でいう「かげひびくもの」として、今日までとらえてこられたと思うんですよ。

＊本書一一七頁〜に収載。

小野寺　なるほど。

三浦　うまくつながらないときがあったかもしれないけれども、しかし、その根を絶対なくさない、離さない。自分にとって何か意味があって、忘れられないものとして持ってきたということだと思うんですね。

小野寺　子ども時代の純粋経験だったんです。自覚の深まりによって違うから、西田の「純粋経験」のような深いものではないのですが、子どもなりの直観的で素朴な経験として、中学生のころ、残雪をかき分けるようにして見たカタクリの花の美しさというのは、一生消えません。

大学生のとき、四谷から新宿まで歩いてよく外国映画を観に行きました。井上ひさしなんかと一緒に観に行っていた時期ですよね。あるとき、『会議は踊る』*という有名な映画を観たんです。ウイーンが舞台で、最初若い女性が出てきて、「Das gibt's nur Einmal（ただ一度だけ二度とない）」とドイツ語で歌う。あれを見たときに戦慄を覚えたんですよ。

あのときの感動と、カタクリの花を見たときの感動とが一つにつながるんです。Das gibt's nur Einmal。あの体験は二度と来ないんです。戸塚あたりで、たくさんの人がバスでカタクリの花を見に行くのを見て、それはそれで、「ああ、

＊一九三一年製作のドイツ映画。原題：Der Kongress Tanzt

花が好きな人がいるんだ」と思ったけれど、ぼくが子どものころに見たカタクリは、そういう花じゃないんです。

ずっと消えません。中学校一年生か二年生くらいの魂が目覚める時期に、あの花の美しさ、しかも、予想もしないのに、真っ白な残雪からパッと出てきた花の美しさというのは、まさに純粋経験でした。「Das gibt's nur Einmal」。本当のものとの出会いって、そういうことですよね。

『会議は踊る』という映画には、メッテルニヒとかいろいろな政治家が出てくるんだけれども、最初に若い女性があのことばを歌って出てくる。カタクリとはまた違った意味で、あの映画は、青春そのものの姿でした。Das gibt's nur Einmal。一生忘れない。映画をとおした純粋経験でした。

純粋経験としてとらえる

小野寺　ぼくが西田哲学に関心をもったのは師範学校のころなんです。兄貴が文学青年なので、二、三人の仲間を呼んできて、よく盛岡上田の下宿先で文学談義をしていたんですが、あるとき、西田の『善の研究』を、だれかがどこかから借りてきていた。それを兄貴が、敗戦後の混乱した時代で滅多に入らない本だからとその友人から借りて、ノートにきれいな字で筆写しはじめたんです。

それが何冊もたまってくる。「なんで兄貴は、この本を筆写しているんだ?」と思って、兄貴がいないときにノートを開いてよく読んでいたら、見たことも、聞いたこともないような深い論理で書いてあって、だんだんと夢中になり「ああ、哲学ってこういうものか」と。

兄貴はそれでものにしちゃったんですよ。教員をやっても、校長をやっても、教育委員長をやっても全部、直面する難問を西田の論理で解決していた。

ぼくと違って、兄貴は話もうまくて、よく生徒の話題になりました。ぼくが六〇歳のときに、同級生がみんな集まる、田舎の小学校での村総出の還暦のお祝いの会があって、そこに兄貴が呼ばれて挨拶をしたことがあったんです。ぼくはそれまで兄貴の挨拶を聞いたことがなかったけれど、隣にいる同級生が、「ああ、あんたの兄貴は中曽根首相よりも話がうまいわ(笑)」と言ったのを憶えています。鮎釣りも、絵を描くときも、詩を書くときも、教育もすべて同じなんです。西田の「純粋経験」の論理が根っこにあって、生涯、全部これで処理していました。

ぼくは「西田哲学って、そういう哲学か」と思いました。兄貴なりにちゃんと核心をとらえてしまったんですね。ぼくは、よっぽど努力しないと兄貴のところに行けない人間でした。

三浦　お兄さんは書き写して、西田をそういうふうにとらえていた。小野寺先生は、「自分は、よっぽど努力しないと兄貴のところに行けない」とおっしゃいますけれど、今お話をうかがっていて、『新版 大地の哲学』の二〇〇頁、次に引用するところと、すごく重なりました。

「『絶対無』とか『絶対否定』とか『絶対に相反するものの合一』とかは、ことごとく理性的次元から見た霊性的思惟の様式にかかわってくるのであって、この点がわからないと西田哲学の根本を誤解し、著しく歪曲することになるであろう。」

要するに、矛盾的自己同一とかいうと、ことばとしては硬質、硬くゴリッとして、「どういう意味なの?」というふうになるものだけれども、お兄さんが筆写しながら、小野寺先生が見たところの「純粋経験としてとらえていた」ということでいうと、こういう西田のことばでもって頭だけで理解しようとしてもわからない。ことばとしては難しいことを、要するに別の次元で、お兄さんはとらえていたのかなと思うんです。

小野寺　そうなんですよね。だから、ぼくは、そこがなかなか理解できなかったけれど、兄の何倍も勉強しましたから、家に帰ると、そういうところは意見が合いました。「純粋経験でやっていく、そうすると解決できる」と、よく2人で話していました。

鮎釣りをするときも、やっぱりそういう感覚でした。ぼくは釣れないと、すぐ嫌になってしまい止めてしまうんだけれど、兄は午前中だろうが何だろうがよく釣って、鮎は釣るんじゃなくてひっかけるわけですが、ブルンっという「あの感覚がなんともいえない」と言っていました。

兄貴とぼくではだいぶ違いました。ぼくも兄貴にならって詩を書いたり、それこそ三浦さんじゃないけれど俳句でもやろうと思ったんだけれど、やっていると、哲学になってしまうんです。兄は校歌なんかも作詞していました。詩人だったし、古典もよく読んでいた。兄貴は親父の体質でね、ぼくは母の体質だから、やっぱり違っていましたね。

根の思想家

三浦　小野寺先生はカトリックですけれど、「根の思想家」ということでいえば、キリスト教に限らず、文学であれ、森先生の「全一学」であれ、すごく普遍的になってくると思うんですね。「日本人のキリスト教信者は全人口の一％」とか言われるじゃないですか。キリスト教といっても、「宗教」というだけでウッとなる人もいますけれど、「根の思想」ということでいえば、宗教も含めて、文学や哲学、多ジャンルのところの根とも響き合う「かげひびき」と考えることで、すごく広がりがあります。

小野寺　そうですね。

三浦　広がりと同時に、根っこですから、深さもイメージできます。

小野寺　なるほど。

三浦　つながりが生まれてくると思うんですよ。

小野寺　そのとおりです。

三浦　冒頭、栗山英樹さんの本の中に、森信三先生のことを「不世出の哲学者」と書いてあると言いましたが、そんなこととも響き合ったのか、巡り巡って、今度私は東京学芸大学に行って、ある先生と対談する予定があるんです。栗山さんは学芸大学の出身ですが、森信三先生のことはよくご存知で、本をよく読んでいるわけだし、「森先生が生涯、幻の師として尊敬していたのが新井奥邃なんだ」ということを、巡り巡って、機会があればぜひ学生たちに伝えたいと思っています。

小野寺　ぜひ、やってください。そういうことは森先生の衷心からの願いだったと思います。ぼくは、そういう感覚は敏感なはずだから、割合的中することが多い。奥邃は歴史的に間違いなく浮上してきていて、徐々に将来の教科書に載るような存在になると思っています。そのときが近づいてきていますよね。

森信三先生、新井奥邃。彼らは日本が生んだ最大の霊性思想家だと思います。とくに歴史的貢献になると思うのは、ちょうど今、仏教とキリスト教は非常に深く出会って、世界的な影響力をもちはじめているんだけれども、日本には儒教の膨大な遺産があって、仏教と儒教は車の両輪のようなものであるのに、儒教にはキリスト教からの光が当てられていないんです。だけれど、まことの「聖霊論的解釈」ということで、儒教はキリスト教とも日本で出会ったんですよ。今、日本は世界の文化の貯蔵庫になっていて、日本から本当の和の思想が生まれることによって、ぼくは世界が変わってくると思うんです。日本以外に、根拠のある和の思想を生み出せる文化的な場はないですよ。

「根の思想」ということでいえば、中核は、やはり奥邃じゃないですか。儒教とキリスト教的に深くかかわっている唯一の人ですから。儒教というのは巨大な日本的霊性の貯蔵庫で、日本人が心を打たれるのは、「まこと」の人というかね、すぐわかるんですよね。

母は「まこと」の人だった

小野寺　ぼくの母は教養のある人ではなかったけれど、まことに的確に物事を処理する人でした。本能というか、感性で全部判断するわけですが、それが実に的確でした。ぼくはいつも、江戸時代の庶民の儒教の精神というのは、農家に育った母の中に生きている。二宮尊徳ほどではないけれど、劣らないような知恵を母は何か持っているなと思っていました。

母は助産婦だったからいろいろなことに遭遇し、女性の宮沢賢治みたいだった。知識があるからじゃなくて、内面、根っこに「まこと」を持っていて、目の前にある事象への対処、人間関係と、あらゆることがいつも的確なので、感心してしまったものです。

今でも思い出すのは、ぼくは岩手師範の二年生の頃、少し無理をして病気で一年間休学して、家の奥の方にずっと寝ていたことがありました。あるとき、近所の農家の知り合いの女性がやってきて、「子どもが宿ったんだけれど、忙しいし、大変だから、堕ろしたい。どうでしょうか」と、母に相談している声が聞こえてくるんですよ。「何と答えるかな」と思って聞いていたら、母は「あなた、せっかく身ごもったんだから、産みなさい」と言ったんです。ぼくはホッとしました。

それから十何年が経ち、そのときの子どもが成長してぼくと一緒に仕事をするようになって、ふたり並んで道を歩きながら、「この子のお母さんが「堕胎しようか」と悩んで相談に来たとき、母は「産みなさい」と上手に説得していた。ぼくだけがその秘密を知っているのか」と思い出しました。母のリードは上手だった。こうしてその子が立派な大人になって、その家も随分助かっているわけで、「あのとき母がもし堕胎に賛成していれば、彼はいなかったんだな」と思いました。

そういうときの母の判断、説得は本当に真心というかな、相手のことを考えて、いつも的確でした。知識もないんだけれども、実に的確な庶民の判断は「まこと」ですね。そこから出てくる知恵だったと思います。

最近新聞を読んでいたら、日本の代表的な社長さん一〇人か二〇人に「あなたが人生でモットーにしている大切な徳目は何ですか」というアンケートが載っていたんですが、一〇人中八人が、「誠（まこと）」と書いていたのが印象に残りました。「ああ、日本人は無意識でもまだそういうものを持っている。日本人が心底求めている心というのは『まこと』なんだ」と。

新井奥邃は、そのことをキリスト教の立場から聖霊論的に解釈しているわけで、儒教には膨大な知恵があります。二宮尊徳ではないけれど、庶民の中にそれが浸透してしまっていて、すぐわかる。そういうことを考えると、それを聖霊論的に解釈した奥邃はこの先必ず世界的な役割をもってくると思います。

「もし奥邃の全集がなかったら」と考えると、奥邃に着目し光を当てた三浦さんの業績は、文明論的にも将来高く評価されると思うんです。ぼくは神田中、探し回ってもなかったので絶望しかけたとき、雨に降られて傍の古本屋に飛び込んだ。ふと見たらそこに奥邃の全集があったので、奇跡かと思うほど驚きました。かなり高価でしたが、大学の図書館に入れました。

三浦　永島忠重さんが作られた『奥邃廣録』*ですね。

小野寺　そうです。そういう経験がありました。『奥邃廣録』は全部読んだけれど、奥邃の遺産というのはこの先必ずひらかれるときが来るし、ぼくは、奥邃の聖霊論的解釈をやりたいんです。まことの聖霊論的解釈。

仏教には「仏性」というものがあって、これは「まこと」に近いものです。金子武蔵《たけぞう》先生と東大で同期で一緒だった、江藤太郎という哲学担当の先生が、ハイデガーをよくやっていて、いろいろハイデガーの講義をしていたのを聞いていたのだけれど、あるとき、福島から来た元気のいい学生が、「江藤先生、先生はよく『存在者の存在』ということを言うけれど、存在者の存在って神ですか?」と質問したんです。カトリック大学だから、当然そういう質問が出るわけだけれど、カトリックで日本のハイデガー研究家でもあった江藤先生は、一瞬グッと詰まってしばらくジーッと考えて、「神ではない」と言いました。

神と言えるのではないかと思ったら「神ではない」と一蹴されたものだから、その学生はさらに「神じゃないなら、何でしょうか?」と聞くと、江藤先生はまた詰まってしまった。絶句してしばらく天を仰いで考えてから、「仏性のよ

＊『奥邃廣録』（大空社、一九九一年）。

うなものかな」とポツンと言ったんです。

江藤先生はハイデガーを実によく研究しているんですよ。『理想』という雑誌に、論文を出したりして、ハイデガーをよくわかっているカトリックの信者なんだけれども、「仏性のようなものかな」と言って終わってしまった。あとは何もしゃべらなかったけれど、あの場面をなぜかぼくは絶対忘れないんですね。

キリスト教では聖霊はプネウマといい、仏教では仏性をダンマというのですが、江藤先生は「ダンマとプネウマというのは似たようなものだ」と言っているわけで、ぼくはそのとき「ああ、そういうことか、そこを探ればいいのだな」とピンときました。

世界的な禅の研究者でもあったデュモリン神父の還暦のお祝いのとき、東人の仏教学の玉城康四郎教授が記念講演会で「ダンマとプネウマはひとつである」と主張されたので、ぼくはそれを聞いて江藤先生のことを思い出し、「宗派は違うけれど、似たようなことを言っているんだな。仏教とキリスト教というのは、ここを押さえればいいんだ」と確信し、そこからどんどん研究が進んでいきました。

ぼくは、「禅とキリスト教懇談会」に三〇年ほど所属していまして、京都で会合があるときには、よく参加していました。日本で最高の禅者たちとの交流を通して彼らが何を言うかをよく注意して聞いていたんですが、ぼくが「私はカトリックです」と言うと、「神は働きですよね」としょっちゅうぼくのところに確かめに来るのです。そして「私もそう解釈します」と言うと、みな安心した顔をして帰っていく。聖霊って働きでしょう?

三浦　はい。

小野寺　だから「存在」と言わない。「神は絶対的存在ですよね」と言わないで、「働きですよね」と、何人も必ず聞くので、「ははぁ、ダンマとプネウマをひとつに考えているんだ。それだと彼らもわかるんだな」と思いました。

聖霊ってギリシア語でもラテン語でも、神の呼吸のことなんですね。あるとき「禅は無神論である」という趣旨の本を出している仏教の人がいたので、神田でその本を買って読んだのですが、すぐに「あっ、これはだめだ」と思いました。座禅って呼吸が重要じゃないですか。姿勢を整えて、呼吸を整えて、そして瞑想するのに、吐く息―吸う息、つまり呼吸が重大な意味をもっているわけですし、キリスト教では聖霊は神の生命であり、呼吸を意味します。だから、その仏教の方が書いた「禅は無神論である」というのは、そのことがまったくわかっていないんですよ。だけれど、よくわかった禅者は「神は働きですよね」と言って、ぼくの顔をじっと見るわけで、「ああ、そうですよ」と答える。やはり、聖霊は働きです。自覚させる霊ですから。そういうことで、ぼくは仏教とキリスト教の接点が次第にわかってきたんです。

内在的超越へ

小野寺　儒教でいえば「まこと」が一番近いんですよ。だから、聖霊とは自覚の霊として、一方では内在的超越の霊で、信仰としては超越的内在になるわけです。[*] 今のキリスト教は、内在的超越の面を十分開拓していない、絶対者の信仰から内在を理解するという方向だけを強調している気がします。

聖心女子大学のあるシスターが、フランシスコ会の神父さんに、「日本人共通のアニミズムから出発して、キリスト教の三位一体に至る道はないですか」と質問したので、「ああ、聖心のシスター、鋭い、いい質問をしているな」と

＊詳しくは『西田幾多郎哲学論集Ⅲ』（岩波文庫、一九八九年）。

思ったことがあります。

　超越的な神の信仰から、内在的に信仰ということを考えるのが普通の信仰だけれど、一般の日本人って逆ですよね。ぼくみたいな東北出身の田舎の人間は遠野物語や宮沢賢治の童話のアニミズムの世界から、だんだん自覚していって、三位一体の神に接近していくわけで、超越的内在と内在的超越との両方が出会わなければいけないんです。

　超越的内在はヨーロッパでしっかりと固まっているけれど、ヨーロッパでは内在的超越は、あまり主流ではないような気がしています。

三浦　それは、西田幾多郎のこの部分でしょうね。「私は将来の宗教としては、超越的内在より内在的超越の方向にあると考えるものである」。*

小野寺　西田も、キリスト教と仏教の出会いについて、こう考えるようになった。これが的確です。滝沢克己の理論から影響を受けた点もありますけれどね。滝沢はカール・バルトの弟子でしょう、「不可分」「不可同」「不可逆」という理論でキリスト教を説明したわけです。

　「不可分」というのは、「絶対者と相対者は不可分だ」というのでしょう。だから、信者だろうが、信者でなかろうが、犯罪を犯した者だろうが、共産党員

＊『西田幾多郎哲学論集Ⅲ』（岩波文庫、一九八九年）三九五頁。

だろうが不可分、「絶対者とともにあるということが一つだ」と。「インマヌエル」です。だから信者だけに限らないんですよね。「すべてが絶対者とともにある」という不可分です。だけれども「不可同」というのは、自覚のプロセスで無神論者になったり、仏教徒になったり、神道になったり、創価学会になったりするから、不可同になるわけです。しかし、究極は「不可逆」であり、人間を先に立ててはだめなんだ、絶対者の自己否定によって世界は成り立っているわけだから、神と人間というのは不可逆で、人は絶対に神にはなり得ないということで、キリスト教の筋を通した。

西田は滝沢の影響を受けているから、よくわかっています。そういう意味で、「内在的超越でないと、日本人は深い、究極の自覚には至り得ない」と、そういうことを言っているので、ぼくは的確だと思っています。カトリックも今、とくに第二バチカン公会議以後はそういう方向に向かっていると考えます。日本文化、日本的霊性と出会いつつあるわけです。

そういう意味で、これから新井奥邃は注目されることになりますから、三浦さんの活躍の場がどんどん広がっていく気がします。時節到来ということでしょうか。

心に深く根を下ろすこと

三浦　昨年の『日本の神学を求めて』に続いて、今年は『大地の哲学』をテキストに使って立教大学の大学院でのゼミが行われたと聞きましたけれど、たとえばそういう大学院生たちも、改めて本書を読むと、「ああ、そうなのか。こういう根っこがあって、それで、小野寺先生のああいう思索なり、あるいは言説というのが成り立っているんだな」ということがわかっていただけるのではないかと、お話をうかがいながら強く感じています。

小野寺　ずっと自信がもてなくて、ああでもない、こうでもないと考えていましたけれど、ようやく吹っ切れました。

三浦　それはよかった。

小野寺　「根」ということで、初めてすっきりしましたよ。森信三先生のぼくの探究姿勢に対する信頼、鈴木亨先生のぼくの西田哲学理解と聖霊神学の試みに対する評価、高橋正治先生の国文学の自覚史と無の解釈学などの形成過程で、なぜこんなめちゃくちゃ考えている奴を評価されるのか。なぜ森先生が、「俺の全一学と、あなたの聖霊神学は同じものをめざしている」と言われたのか。

これは今考えると根の同一性だったのですね。今日納得がいきました。

三人の先生の共通点にソロヴィヨフがあります。ぼくも東洋と西洋の接点をうまくつかめかなくて、ロシアのソロヴィヨフを研究することで、やっとまとまりました。これは本当に不思議なことです。

ドストエフスキーは、「美は世界を救う」と言っていて、これは感性、聖霊のことを言っているんだと思うんですけれど、そういう時代が来たなと思うんです。感性というか、高橋先生のあの理論が、世界的な意味をもってきた気がします。新井奥邃とかね。森先生も先ほどの評価がありましたでしょう。

三浦　不世出の。

小野寺　そうです、「不世出の」。やっと地上に現れてきた、芽を出してきたなという気がします。

三浦　森先生も、鈴木先生も、高橋先生も、小野寺先生の根っこを見ていたと思います。

小野寺　それに初めて気がつきました。

三浦　私の感じ、イメージだと、根っことというのは、恐らく意識の下にまで及んでいるから自分ではわからない。だけれども、ほかの人からすると距離をもっているから、見えるのかもしれません。

小野寺　そういうことですか。

三浦　自分では意識下のところまではわからない。見えないけれど、ほかの人から見たら、「ああ、この人には根がある」と感じるのではないでしょうか。

小野寺　そうか。ぼくは高校教師のときに森信三先生に会ったんですが、「お前、大学行け」と言ったんですよ。小中高の先生をあんなに大事にして、それを生きがいにしているような人が、それに背くように「お前、大学行け」と言ったのはなぜなんだろうと。

　また、森先生の全集は二十何巻あるんだけれど、なかなか手に入らない。それをわざわざ青森の中学から取り寄せ、ぼくの勤務先の学校まで送ってくれて、「全集を読め」と。「なぜ単なる高校の一教師にそんなことをするのかな」と思っていたんです。やっとその深い想いがわかりました。

三浦　そうでしたか。

小野寺　いつも「何を買いかぶっているのか」と思っていました。根ですよ、ぼくは一生懸命、根の探究をやっているから。

　あんなに難解だった西田哲学の成果が小説のようにわかりやすくなったこと

も「体験の根」によるということが、今日ようやくわかってきました。「心に深く根を下ろすこと」は森先生の生き方であり、哲学の方法であることも確信しました。

今日はぼくの根の存在を自覚させていただいた、最高の日でした。三浦さんに教えていただいたように「いつかは蓮の花と咲く」と、希望をもち続けたいと思います。

（了）

［補遺二］　カタクリの花

（小野寺　功）

清泉女子大学　キリスト教文化・キリスト教文化史学会学会誌
『創』第二七号（一九九四年）に掲載された文章を再録しました。

この間、戸塚駅から長後にぬける神奈中のバスに乗ったら、「カタクリの花を訪ねて」高尾山あたりを散策するという広告のチラシがかかっていて、ふと故郷のことが想起され、大変なつかしい思いがした。

しかしカタクリの花といえば、東北育ちの私には、早春の雑木林にそれとなく咲く可憐な姿しか思い浮かべることはできない。だからバスでの見学ということはできない。だからバスでの見学ということであれば、そこは一面に季節のジュータンを織りなす群落をなしているのでもあろうか。それにしても、バスを仕立てて見学に出かけるほどカタクリの花を愛する人が多いというのも、私にとっては驚きであり、初めて知ったことである。

カタクリの花言葉は「初恋」であるとこのチラシに書いてあったが、なるほど、そういえば私にとってもこの花との出会いは、心の奥の秘密のようなものであった。

これは以前『大地の哲学』にも書いたことであるが、私の故郷は岩手県の花巻から遠野にぬける中間地帯で、土沢（現在の東和町）とよばれるこの地域は、誰かが言ったように「小盆地宇宙」を形成していた。土沢と地続きの花巻で生まれた宮沢賢治は、そこを貫く白い街道をローマの街道をもじって「パッセン街道」と名づけている。また柳田國男が「遠野物語」の序文の中で、「花巻から十余里の路上には町場三ケ所あり。其他は青き山と原野なり」とのべているその町場の一つである。

私の家のすぐ前を清冽な小川が流れていて、その向こうに館《たて》の山と呼ばれる頂上に杉木立の見える山がある。少年の頃、まだ肌寒い早春の日に、残雪のある雑木林をよじ登っている時、林の中に紛れてひっそりと咲くカタクリの花を見た。まるで凍てつくような透明な気圏の中で、小さな小さな淡い紫の花が、ふるえるような可憐な姿で精一杯に咲いていた。その小さな生命の容器の中に、全宇宙の燃える美が投影されているかのようであった。私はその時、宇宙の純潔な裸身の美をかい間みたような気がして深い感動にひたされたことを覚えている。

これは何も「カタクリの花」に限らず、この「みちのく」の精神風土そのものが、私にとって存在の黙示であったように思う、そしてこれを最もよく捉えて言葉で表現しているのは宮沢賢治である。

新たな詩人よ
雲から光から嵐から
透明なエネルギーを得て
人と地球によるべき形を暗示せよ

これをみると、賢治は私が「カタクリの花」で感受したものを、雲からも光からも嵐からも摂取し、現代社会がもっとも必要としている核心的自然観、世界観を表現しようとしていることがよくわかる。そしてこの言葉は、イエスがソロモンの栄華と野の百合を比較された比喩とも深くつながっているように思われる。

ここが私の関心のあるところで、要するに賢治の詩や童話のもつ意味は、単なるお話やありきたりの抒情の表現ではなく、内に厖大なコスモスをかかえた「存在そのもの」の心象風景の提示にほかならない。この意味で彼は、ヘルダーリンやリルケが詩人であると同様にまことの詩人であるといってよい。日本文学史の上に彼の占める位置の重点はまさにここにある。しかも彼の童話の思想をなす世界観は、日本文化の基層をなす縄文的なものが反映しており、これは今、日本の思想史の大問題となっている。

先日私は新橋の「読売ホール」の試写会で、賢治の長編アニメーション映画「グスコーブドリの伝記」を見た。私は最初何の期待もなく参加したが、まずその観賞者の人数の多いこと、その熱心さには驚いた。しかもこのアニメーションの質の高いことは予想以上で、科学と宗教が渾然一体となった独特なロマンが、ヒューマニズムにあふれるタッチでえがかれている。この表現はアニメ以外では不可能である。私はこれを見ながら賢治が「注文の多い料理店」の付録につけた次の言葉を思い出していた。

「これらは正しいものの種子を有し、その美しい発芽を待つものである。……これらは新しい、よりよい世界の構成材料を提供しようとするものである。」

そしてこの彼の理想は、没後六十年を経て、今ようやくイーハトーヴの「透明な自然」が全国に向けて発信されつつあるとみてよいであろう。確かにこの「透明な自然」に触れるとき、私たちの内面性が生き生きと甦り、創造へと転化されていく。

同じイーハトーヴに育った私は、賢治の思想全体に全面的に迫ろうとするために哲学を選ばざるを得なかった。しかし最近では、縄文的思考をも含みうる

「宗教学」に転じつつある。つまりそれこそがすべて「そこからそこへ」向かう総合人間学だと思うからである。

　これは文字通り私にとっての「ゼロからの出発」であり、永遠の「カタクリの花」を求めての私の遍歴である。

［補遺二］中国古典、ギリシア哲学、キリスト教

新井奥邃のコスモロジー――

（三浦 衛）

二〇二二年六月一九日、新井奥邃記念会での三浦衛の講演内容を編集し、収載しました。

はじめに

今日は三つのこと、一つ目は春風社と新井奥邃について、二つ目は『秋田魁新報』の記事と新井奥邃について、三つ目に私が新井奥邃を読みながら直近で考えていることをお話しししたいと思っています。

二〇歳頃から四十数年、新井奥邃の文章を読んできましたが、その頃から奥邃の文章の迫力というのを強く感じてきました。全集もつくり一読者としても何度も読んでいますが、途中病気になるなどいろいろなことがありまして、いまは六四歳でそれなりにガタはきていますが、奥邃を読むたびに間違いなく元気になるのを感じます。

奥邃は、人間は死んで終わりだとは思っていない。文章を読むとそれがよくわかる。この世の時間は終わっても、その後も勉強は続くと考えている。奥邃の文章を読んでいると「勉強」ということばがよく出てきます。学問ということばも出てきますが、学問は割と否定的なニュアンスで出てくる。生きている間だけが勉強ではない。この世の時間が終わったその後も勉強は続くのだ、という、それを三つ目に話したいと思います。

【二】

「春風新聞」はこの二九号が最新のものです。春風社を起こしたのが一九九九年で、新井奥邃がアメリカから帰国したのが一八九九年、新井奥邃帰国一〇〇年の年に春風社ができました。狙ったわけではなく、たまたまその年にあたっていました。春風社も二三年目になり約九〇〇点の出版物を世に出していいます。その一番ベースにあるのが奥邃で、最初に『知られざるいのちの思想家新井奥邃を読みとく』を出版し、その後六年半かけて『新井奥邃著作集』(全九巻別巻一)を出しました。二三年目を迎えていますが、聖書のことばを借りて言うと「隅の首石《おや》」というか、春風社の土台となっているのが新井奥邃であることは間違いなく、春風社が学術書の出版社として継続していくために、ことばではないところで、奥邃の精神、息吹が伝わってくれたらいいなと思っています。

奥邃のことばと思想

以前は「春風倶楽部」という冊子をつくっていましたが、春風社の刊行点数がだんだん増えてきたため、途中から新聞の形をとって「春風新聞」としました。年に二回発行していますが、トップページには必ず、春風社の土台として、新井奥邃のことばをその都度選んで入れています。

二八号は「言葉を以て学びたる者の能く深造《しんぞう》自得せし者　創世より未だ之れあらざるなり」。つまり、この世ができてから、ことばを以て事柄の真実に迫りこれを自得した（会得した）人間はいないということ。あれほどことばを書き残している奥邃が、人間がことばによって学んだことで、その事柄の真実に迫りそれを自得（会得）した者は、この世が始まって以来存在していないと言っている。これはすごいことばだと思います。

それから、二九号、こちらは縄文式土器、火焔式土器に奥邃のことばを重ねています。「隠路あり、照々の天に宏遠《こうえん》の道より開く。クライストの微妙の戸なり。一息開けて億兆相抱くべし。一息閉ぢて衆星隕越《いんえつ》を致さん。生命の機は一息にあり——意なり」。これは解説するのが非常に難しい。

西田幾多郎の教え子に森信三という哲学者がいます。一九九二年に九六歳で亡くなりましたが、森先生は奥邃のこのことばを目にして「日本にこれだけ深い思想を表現できる人がいるのか」と、とにかく驚いたといいます。森先生は奥邃から直接教えを受けたわけではなく、また西田幾多郎をはじめいろいろな人と親交があったにもかかわらず、生涯の師は新井奥邃ただ一人だと言っています。直接会って偉い先生から話を聞いたというのではなく、このことば一つでもって、奥邃こそが生涯にわたる自分の師であると見定めた、この感性はすごいと思います。

森先生の周辺の本を出されていた寺田一清先生が昨年亡くなられましたが、寺田先生も森先生にこの奥邃のことばの意味を尋ねられたそうです。しかし、それはことばで説明できるようなものではないと一蹴された、というエピソードが『新井奥邃著作集』の月報に書いてあります。もちろん漢字や熟語の意味などは辞書で調べればいろいろと出てきますが、それだけではだめなのです。奥邃のことばには、触れた瞬間にその解説や説明を弾くようなところがあるということだと思います。

白川漢字学のおもしろさ

九六歳で亡くなった漢字学者で白川静さんという文化勲章を受章された方がいらっしゃいます。福井県出身で、独学でと言っていいと思いますが、中国の学会も驚くほどの、白川漢字学、白川学ともいえる漢字の体系化をされた人です。つまり漢字ができる以前の、文字ができる前のオーラルな話しことばで培われていた文化を漢字ができた時点までさかのぼってその来歴を明らかにする。

たとえば漢字の「言」、それから「告」という字。ここに「口」の形があります。白川さんの一番の発見は、この「口」が口ではないということ。「告」という字を漢字辞書で調べると、「告」は「牛」＋「口」から成り立ち、牛は話せないから云々と説明しているものがあります。ところが白川さんはこの「口」はいわゆる「口」ではなく「𠙵（さい）」だと言うのです。「𠙵（さい）」は四角の文字の上の部分が両方とも少し突き出ていて、いわば祝詞・言霊・神のことばを入れる器なのだと。「𠙵（さい）」とはそういった呪術的なものを入れる器で、非常にありがたいものであると同時に、その祝詞が危害を与えるほど恐ろしいものであるために、それが外に出ないように内に留めておかなければならない。この「屮（しん）」というのは刺青を入れるときの針であり、その針でもって祝詞を抑えておく、それが「告」という漢字だと解説しています。「牛」ではないというのが白川さんの説です。

二〇世紀の初期、中国で甲骨文字や金文といったものが次々発掘されます。それまで中国で漢字の最高権威といえば、後漢の時代に書かれた許慎の『説文解字』でしたが、白川さんはその『説文解字』に対して異を唱えます。白川さんはまず甲骨文字や金文を全部トレースしたといいます。全部なぞったのです。自らなぞるという行為はとても身体的なことで、なぞることによって見えてくる共通項から考えたのです。白川さんは六〇歳の時に岩波書店から『漢字』を出版しましたが、これに対して当時有名だった東大の漢字学者・藤堂明保が、岩波書店ともあろうものが、どこの馬の骨だかわからない者の、しかもタイトルが『漢字』とある本を出すということはどういうことかと、雑誌『文學』で噛みついたのです。岩波書店が偉かったのは、その同じ雑誌に今度は白川さんの反論を掲載したことです。細かいことは省きますが、結果白川さんの圧勝でした。頭の中で考えた学問と身体を使った学問との違いが、そこにははっきりと出ていたと思います。

白川さんにとって戦争体験はとても大きく、戦争が終わり何も縋っていくものがなくなったときに『聖書』と『論語』を読んだと書いています。彼は戦争以前の子どもの頃から本が好きで、一生本を読んで生きていきたいと願い、若くしてすでに中国で一番古い詩の『詩経』と、日本で一番古い詩である『万葉集』を読みたいと考えていたといいます。二〇一三年に亡くなった後『白川静著作集』が出版されましたが、『万葉集』に関するものは一冊に収められ、『詩経』に関しては二巻に収められています。

「文気」の力

先にも触れたように、私は若い時から奥邃を読みその迫力に圧倒されてきました。文章を読んで意味もわからないのに圧倒されるということが不思議であり、そこが始まりでした。以前別の出版社に勤めていたころ、通勤中読んでいた本に夢中になって電車を乗り過ごしたことが二回あります。中里介山の『大菩薩峠』と新井奥邃のものでした。『大菩薩峠』はもうおもしろいからついつい読んでいるうちに乗り過ごしたのですが、奥邃の方はというと、何だか知らないけど、意味もわからないのにその迫力に押されて、手帳に書き写していたからです。当時はとにかく、なにか迫ってくる文章にぶつかるとひたすら手帳に書き写していました。

最近白川さんの著作集を読んでいてあっと思ったことがあります。それは「文気《ぶんき》」ということ。「文気」という熟語は漢和辞書にはありません。白川さんの『孔子伝』に出てくることばです。孔子は魯の国に生まれ、最後にはまた魯に戻りますが、歴史的な絡みがあり亡命を繰り返します。『論語』の中に、孔子を慕う人々が魯を去り故郷を離れて暮らす孔子に「帰らんか、帰らんか」と迫る声が聞こえてくる、というエピソードがあります。故郷の若い人たちから故郷のいろいろな話を聞いて、故郷に帰ろうかどうしようかと孔子が迷うその時のこの「帰らんか、帰らんか」というところに、白川さんは「文気」があると言う。同じエピソードを孟子もまた書いていますが、白川さんは「情報としては同じことを言っているけれども、文気は孟子の方がはるかに劣る」と言っています。つまり『論語』は、実際には顔回など弟子筋の人たちが編集したのでしょうが、いろいろな人がかかわっていて誰が書いたのかははっきりわからない。それでも、孔子の肉声を伝える『論語』の方が、たとえ情報としては同じでも、孟子よりやはり優れていると言っています。文章にあるのは情報だけではない、ということがすごく腑に落ちたのです。

そこでこの「隠路あり」の文章ですが、森信三先生は、この文章の「文氣」に圧倒されたのではないか。森先生の身近にいて本を出されていたその寺田先生にも、森先生は解説されなかった。これはすごく大事なエピソードだと思います。

縄文人のこころとエコーする

そしてここで、春風新聞のトップのこのことばに対して、この縄文土器をもってきたのはなぜか、ということ。これが私の一番目の話の最も訴えたいところですが、この新聞の裏面を見てください。小さい字の「春風説人」という部分です。

「かつてフランス文学者の桑原武夫は、中里介山の『大菩薩峠』を評し、日本文化の最古層に届いていると言った（何に書いてあったか、見つかりません）。古層の下の最古層といえば、弥生時代よりも前の縄文、さらに旧石器時代だろう。

縄文時代、晩期は稲作も始まっていたともいわれるが、ながく狩猟採集が行われた。古い時代の狩りは、こちらのいのちも、いつ取られてもおかしくない。神経を張り詰め、一瞬一瞬の、風のざわめきや雨の音、月の翳り、鳥の飛翔を、なにかの兆候と見立て判断し、行動することが求められる。『大菩薩峠』音無しの構えの机竜之介は縄文人だ。竜之介にもあると思われる共振の感覚に沈潜しながら、宮沢賢治は『大菩薩峠』を愛読し、歌曲「大菩薩峠の歌」をつくった。「縄文の末裔」は、縄文人のこころとエコーする。西田幾多郎の教えを受け、のちに全一学を唱えた稀代の哲学者森信三が幻の師として終生敬仰した人物に新井奥邃がいる。奥邃のことばは、最古層に達し、いや、突き抜けていると思う。」

まだ目にしていないだけで、誰かがすでにどこかで言っているかもしれませんが、この縄文土器こそが白川さんが言うところの「𠙵（さい）」ではないか。言霊、祝詞、呪的なことばを入れた器であり、機能を超えた何かであるとすれば、弥生式土器以降の合理的で機能的な入れ物とは違います。この縄文土器が白川さんの言うところの「𠙵（さい）」と強く響き合うと思っています。

【二】

今日の話の二つ目として、私の地元の新聞に掲載された拙稿についてお話ししたいと思います。

新井奥邃《あらいおうすい》没後一〇〇年に思う

三浦　衛

東京都世田谷区の森巌寺に、新井奥邃《あらいおうすい》の墓が建つ。三〇年以上前、秋田出身の児童文学者としてつとに有名な、滑川道夫先生（一九〇六〜九二年）をこの墓に案内したことがある。

滑川先生の師は、湯沢市に生まれ、絶対平和主義の哲学者として名を成した大山幸太郎（一八七三〜一九六七年）。滑川先生は、これほど偉い人はこの世にいないと慕っていた大山から「奥邃先生に比べれば、私など足許にも及ばない」と聞き、奥邃に関心を抱き続けてきたという。

墓石の文字を指先でなぞり、滑川先生は「大山先生の字だ」と感慨深げにつぶやいた。

滑川道夫の先生の、さらに先生ともいえる新井奥邃とはいかなる人物か。一八四六（弘化三）年仙台藩に生まれ、七一年、のちに初代文部大臣を務めた森有礼《ありのり》の知遇を得、キリスト教を深く学ぶため渡米。トマス・レイク・ハリスのコミュニティ新生同胞教団に入団し、特色のあるキリスト教を学んだ。九九年に帰国。奥邃に親炙《しんしゃ》、また私淑《ししゅく》した人物に、足尾鉱毒事件で奮闘した田中正造、詩人の高村光太郎、洋画家の柳敬助、小説家の野上弥生子らがいる。

本県出身者も多く、奥邃没後につくられた「新井奥邃先生関係者名簿」には、秋田ゆかりの人物として、北秋田市出身で県師範学校長を務めた和田喜八郎、秋田市出身の評論家青柳有美らの名が記されている。

中村千代松（一八六七〜一九四一年）も、奥邃を語る上で欠かすことのできない一人だ。秋田魁新報社の主筆を務め、秋田県選出の衆議院議員を務めた。奥邃にふかく学び、奥邃がこの世を去る時まで身辺の世話をしたのが、中村千代松・ノブ夫妻とご息女たまである。

中村は、「いろいろ偉い人を見てきたけれど、奥邃先生ほどの人物には、会ったことがない」と自伝『随感録』に書きのこしている。なぜ奥邃先生は特別なのか。それは、先生の言行には根があるからだ、云々《うんぬん》。

奥邃はキリスト者ではあっても牧師ではないから、人に洗礼を授けることはしない。しかし、中村千代松が入信の決意を吐露《とろ》すると、例外中の例外として、中村とその家族に洗礼を授けた。中村は晩年、病床にありながら、朝に夕に『奥邃語録』を朗誦《ろうしょう》したという。奥邃の精神的息吹は、秋田の先覚をとおして、ゆたかに秋田の土地と人びとに流れ込んでいる。

一九九九年、私は仲間二人と春風社を起こしたが、それは奇しくも、奥邃がアメリカから日本に帰国した時から数え、ちょうど一〇〇年目の年に当たっていた。

春風社第一号の出版物は『知られざるいのちの思想家　新井奥邃を読みとく』だった。その後、『新井奥邃著作集』全九巻と別巻一冊を刊行。私は、ことあるごとに、新井奥邃を世に問うために、出版社を起こしたと言ってきた。半分は本気だった。食べていくためだけの本づくりでは、ながく続かないと思ったからである。

奥邃は「静黙」を重んじた。言葉で伝えることの危うさを洞察していたのだろう。残された著作は漢文調の独特な文体で、分かりやすいものではない。だが、その人間性に魅かれた人は多かった。田中正造は、奥邃と接していると深山幽谷に入っているような不思議な感覚を覚えたという。言葉で表せない奥邃の人間性に直接触れることが不可能となった今、奥邃を慕った人たちの言葉から、その魅力に迫りたい。奥邃の文を読むのは、そのあとでも遅くない。

奥邃の命日は一九二二年六月一六日。一〇〇年目にあたる今年の「新井奥邃先生記念会」は、春風社が入っているビルの一室を会場に、六月一九日に予定されている。

出版人として、私には一つの夢がある。いまは、日本史の教科書に、田中正造の名前は出ていても、新井奥邃の名前は出ていないはず。五〇年後、あるいは一〇〇年後、私はこの世にいないけれど、田中正造とならんで新井奥邃の名が教科書に記載されること、それがささやかな夢である。

情報に還元できない文章の力

私が書いたこの文章が長いのは承知していたので削られるだろうなとは思っていました。掲載されたのがいまお渡ししたものです。できましたら、これを持ち帰ったあと、どこがどう違っているか比べてみてください。最後にあった私の座右の銘も削られています。要するに、もとの文章全体から何が削られているのかということです。とても勉強になりました。新聞とは新しい情報を提供するのが使命です。ところが私が書いたこの文章の中には、情報的ではないものが結構入っている。つまり情報ではないところが全部カットされているのです。自分が書いた文章だったので余計に実感しました。

奥邃の著作集に入っている文章の中にも、たとえばある雑誌に頼まれて文章を書くときに、すでに謙和舎に来る人に向けて書いて配ったものから抜粋するようなこともあったでしょう。その文章の中には情報に還元できるものもあれば、必ずしも還元できないものもあり、同じエピソードを扱っても、そこから伝わる何かが決定的に違うということがあったに違いない。そこに白川さんの言う「文気」というものを強く感じたのです。

【三】

三つ目のタイトルは「中国古典、ギリシア哲学、キリスト教――新井奥邃の霊覚と間テクスト性（索引）」としました。

ことし、今日ここにお見えの小野寺功先生の『日本の神学を求めて』という本を出しました。元の原稿が書かれたのは小野寺先生が四〇代の頃でしたでしょうか。先生の初期の思索は雑誌には掲載がありましたが、まだ書籍にはなっていなかったので初めて書籍化したものです。また三九年前に三一書房から出された『大地の哲学』をいま『新版 大地の哲学』として春風社で用意しています。

思想系の本を編集するとき、私は、新井奥邃の本を編集したときの経験と日々奥邃の文章を読む経験をとおして、他の思想・哲学の本と向き合います。つまり、奥邃をホームベースにして他の思想や哲学・思索を読んできたのですが、今回この小野寺先生の二冊の本を編集しながら、小野寺先生の言説をとおして新井奥邃を読んでみると、これまでとはまた違った見方ができるようになり、それをきっかけにまた奥邃著作集を読み返してみる、ということになったのです。

書物に流れ込む先人の知

こうして奥邃を読み返して私なりに気付いたことをまとめたのがお手元の用紙です。間テクスト性というとむずかしくなりますが、どのような文章でもそれが単独で成立することはあり得ない、ということ。これはクリステヴァとかロラン・バルトが言いはじめたそうですが、どんなに優れた天才的な人物が書いたものでも、それ単独で成立するということはあり得ない。必ず先行するいろいろなものを踏まえて表現されるということで、なるほどと合点がいきます。「(索引)」としたのは、『新井奥邃著作集』の別巻に、奥邃の墨跡写真とともに索引も収録したからです。私自身あとで勉強し直したとき、索引作りは大変だったけれど、やっぱり入れておいてよかったと強く思いました。

著作集にある奥邃のことばが聖書のどの部分と連関しているかを索引として収録することはあらかじめ決まっていました。これはコール・ダニエル先生*の仕事です。コール先生が逐一あたって別巻に収録しています。ですがこの別巻

＊元福岡女学院大学教授（一九五三－　）。岩手育ち。専門はキリスト教思想史、宗教哲学、異文化表現史。

の索引を見てもわかるように、何回も読んでいると、聖書だけではなく孔子がよく出てくる。孟子も出てくる、老子も出てくる、荘子も出てきます。中国古典がいかに奥邃の中に流れ込んでいるかがわかります。時代を画した人というのは、それまでのいろいろなものがその人に流れ込み、収斂して、そこからまた流れ出ていったその結節点にあたる人でもあると思います。五〇年、一〇〇年のスパンで節目にいる人はいますが、新井奥邃という人は、私はもっと五〇〇年、一〇〇〇年（オーバーかもしれませんが）しかしそれくらいの規模の節目にあたる人だという思いがますます強くなっています。そのことを思うと、索引を付けたということがとてもよかったと思うのです。そして間テクスト性、奥邃といえども単独で文章を書いたわけではなくいろいろなものが流れ込んでいる、そういう意味を込めて、「中国古典、ギリシア哲学、キリスト教」を今日の題目にしました。

キリスト教の生命観

一番の文章を読んでみます。

一、肉体、霊体、三天について——奥邃のコスモロジー

「抑人は自ら知らざる間は格別其貴重なる所以を知らざれども、我々箇人も亦只此の世に生るゝの日に於て生るゝ者に非ずして、遠き先より生存せるものなり。今肉体の方に非ずして霊体の方を云はんに、神より降れる此の智と愛と能とを具する霊体の本性は元来種子の如くに遠く肉体未有の先に三天を経歴して生存す。謂ゆる三天とは、実践の天、霊覚の天、上天の天、是れ也。実践の天は能の天なり。霊覚の天は其上にありて智の天也。而して天の天は愛の天也。此の愛の天は神より始まる最初のものに属す。其より霊覚の天と実践の天とを経て自然界に来る。」（『新井奥邃著作集』第二巻、三一九―三二〇頁。cf. マタイ一三「種を蒔く人のたとえ」、マルコ四、ルカ八）

奥邃のコスモロジー、宇宙観、生命観が出ている部分です。この文章にしても奥邃が単独で書いたものではない、この文章にも流れ込んでいるものがあることがわかります。たとえば、ここでは、索引に入れた新約聖書のマタイによる福音書の一三章、これが下敷きになっています。四行目に「種子」、「霊体の本性は元来種子の如くに」とあります。種があってそれが三天を経由して自然界に降りてくるのだという発想、これが奥邃のコスモロジーです。マタイによ

る福音書の一三章には「この日、イエスは家を出て、海辺に座っておられた。ところが大勢の群衆が御許に集まったので、イエスは船に乗って座られ、群衆はみな岸に立っていた。イエスはたとえで多くのことを語りこういわれた。見よ、種蒔きが種を蒔きに出ていった。蒔いているうちに道端に落ちた種があった。すると鳥がきて食べてしまった。他の種は土の薄い地に落ちた。そこは土が深くないのですぐ芽を出したが、日が昇ると焼けて根がないために枯れてしまった。他の種はいばらの地に落ちた。するといばらが伸びて塞いでしまった。他の種はよい地に落ちて実を結び、あるものは百倍、あるものは六十倍、あるものは三十倍にもなった。耳のあるものは聞くがよい」ということばが出てきます。ここの部分はマタイによる福音書だけでなく、マルコによる福音書の四章、ルカによる福音書の八章にも出てきます。別の福音書にもこの同じエピソードが出てくるということは、イエス・キリストは実際に群衆に向かってこのことを話したのだと思います。この部分を奥邃が踏まえていることはまず間違いない。

東洋の「誠」を示す

それから二番目の文章。

二　天の誠、在天の父母

「又、余が「説く所数千万言其要は静に居て善に動くを謂ふに在らざるか、更に之を約せば、結局誠の一に帰せざるか」と問はる。若し能く「誠」の意を得ば、則ち将に答へて然りと曰はんとす。然るに夫れ誠とは何ぞや。其人に在る者を以て言へば、其霊体身体の善動なり。乃ち之を誠にするの誠なり。天の誠は真実真有の誠にして、即ち神なり、真人なり。之を在天の父母と我儕呼び奉る。」（『新井奥邃著作集』第四巻、四二八頁）

キーワードは「誠《まこと》」です。「誠」と「誠の一《いっ》」。ゼロ、イチ、ニ、の「一」。この「誠」と「一」というのがとても大事だと思うのです。というのも、たとえばこの『孟子』離婁《りろう》編（岩波文庫のワイド版）。この中に「誠は天の道なり。誠を思うは人の道なり。至誠にして動かざる者は、未だ之非ざるなり。誠ならずして未だよく動かすものは、非ざるなり」とある。「至誠」「誠」を孟子はかなり強調しています。『老子』の三九章にも、「一《いっ》」ということばについて強調しているところがあります。「昔の一を得たる者は、天は一を得て以《もっ》て清く、地は一を得て以て寧《やす》く、神《しん》は一を得て以て霊《くすし》く、谷は一を得て以て盈《み》ち、万物は一を得て以て生じ、侯王《こうおう》は一を得て以て天下の貞《てい》と為《な》る。」。『大漢和辞典』を編集した諸橋轍次の自伝的著作にも、『誠は天の道』というタイトルの本があります。

そうなると「奥邃のキリスト教は「儒基一如」、儒教とキリスト教が合体している」というコール先生のことばに間違いはなく、しかも孔孟だけではないということがよくわかる。これは奥邃に限らず、江戸末期から明治にかけての読書人が教養として読んでいたからでしょう。それがこういうところに現れている。

それから、新渡戸稲造の『武士道』という有名な本があります。もともと英語で書かれたものを矢内原忠雄が日本語に訳したものですが、この中に誠という章が一章設けられています。この本を読んでいると、新渡戸稲造にもまたいろいろなものが流れ込んでいることがよくわかる。たとえば切腹について。自殺及び仇討の制度として熱く語っていますが、むしろ聖書にあるイエス・キリストの十字架上のことと重ねるようにして書かれている。日本の侍の切腹について、「最醜の死の形式にも崇高性をおびしめ、これをして新生命の象徴たらしめる。然らずんばコンスタンティヌス大帝の見たる印十字架が世界を征服することはなかったろう」と言っています。「日本人の観念の中に腹に霊魂が宿るとの信仰を裏書きする」と書いています。日本人は腹に霊魂が宿るとするため、切腹とは腹にある霊魂を断つことによって自分の誠を示すことなのだと。

新渡戸稲造は北海道大学でクラーク博士の教えに触れたこともあって、キリスト教に入信した人です。内村鑑三もそうです。ヨハネの福音書の七章三八節にこういうことばがある。「わたしを信じる者は、聖書に書いてある通り、その腹から生ける水が川となって流れ出るであろう」。新渡戸の切腹の話はここを踏まえているのではないか。新渡戸は相当聖書を読み込んでいますし、さらに言えば、このヨハネの福音書のこの部分は、旧約聖書のエゼキエル書の四七・一「神殿から流れる水」と重なります。先ほど言った「腹に霊魂が宿っている」ということは、ここが命の神殿ということもできるかと思うのです。そうしてみると、新渡戸稲造も然り、新井奥邃も然り、先ほどの間テクスト件があてはまり、単独でその時の思いの深さで書かれた文章にも、それまでのいかに多くの古典が流れ込んでいるかということがわかるのではないかと思います。

ギリシア哲学への洞察

三番目、ソクラテス、プラトンです。

「善く信ずる者は却て偽宣者（この言葉は奥邃の文章にはよく出てくるのですが、私はクリスチャンだと言って宣伝する人。）の所謂異教人の中に在り（むしろキリスト教徒声高に叫ぶ人ではなく、むしろキリスト教以外の人の中によく信ずる者がいるのだという）、吾儕《われら》未だプラトン、ソクラテスの精神果してアブラハムの前に在りしや否やを知らずと雖、彼等は一の純然たるクリスチアンなるを知る、彼等は一大統一の道を時に応じて講ずる者なればなり、美を尊び清を貴ぶ者なればなり。」（『新井奥邃著作集』第八巻、三二六頁）

ソクラテス、プラトンは、もちろんイエス・キリストが現れる以前の紀元前の人ですが、奥邃はそうは見ていない。ソクラテス、プラトンといえども、真の意味でクリスチャンであると。こういうところにも奥邃の気概やキリスト教への信仰の深さが表れていると私は思います。ソクラテスもプラトンももちろん著作集別巻の索引に出てきます。つまり索引を見るだけで、どんな人のものを奥邃が読み、あるいは気にかけて文章を書いたかというのがよくわかる。

それからこれは補足ですが、奥邃はカーライルも読んでいます。『武士道』を訳した矢内原忠雄は、新渡戸稲造の英文はカーライルの英文に文体がよく似ていると序文に書いていています。『武士道』の本文の中にもカーライルが出てくる。そうすると、やはり当時の時代性もあって、新渡戸稲造もカーライルをよく読んでいたけれど、奥邃もまたカーライルを読んでいたということがわかる。先ほどのソクラテス、プラトンに触れたところに少しカーライルも出てくる。それからエマーソンのことも出てくる。こういう流れも、追いかけてみるとおもしろいと思います。それが白川さんが言うところの「文気」に行きあたるのではないかと思うからです。

「文気」、文章の気にあたって、自分の体験を、文章と向き合って命がけで読み解いていく。このことが、奥邃の文章を読むときにとても大事になってくるだろうと思います。

（了）

あとがき

本書の対談で私は、私の歩みと基本的な考えを述べましたので、「あとがき」では、三浦さんの紹介された新井奥邃先生と、私にその存在を教えてくれた森信三先生について少し触れておきたいと思います。

私がまったく未知の新井奥邃先生の名を知ったのは、神戸の教育哲学者・森信三先生との出会いによるものでした。

それが機縁でいただいた全集の中に、「わが尊敬する先人」として、西田幾多郎、宮沢賢治、新井奥邃が挙げられていた。それが春風社と私を結ぶ機縁になったのでした。

その頃、春風社は創設されたばかりで、二〇〇〇年に『知られざるいのちの思想家――新井奥邃を読みとく』を出版されました。

その時私は、二一世紀を照らす新井奥邃の思想を寄稿したと思います。

一方森先生は、WBC侍ジャパンの『栗山ノート』によって、一躍有名になりました。これは三浦さんも課題にされましたが、森先生の著書から深い影響を受けていたからでした。私は森先生と多年の交流がありましたので痛いほどその理由がわかります。

森先生は京都大学で西田幾多郎の哲学の深い影響を受け、日本の哲学は西田哲学を土台として出発すべきだと強調されていました。しかしそのアカデミズムには満足せず、より実践的・実学的な「森全一学」の学問体系を構築されました。私のキリスト教的な聖霊神学の構想を最初に認め、励ましてくださったのも森先生でした。

現在、仏教とキリスト教との対話と理解の深まりが進んでいますが、私は他方、新井奥邃の思想を通して、キリスト教と儒教的誠の対話がさらに深まることを切望しています。

儒教的誠の聖霊論的解釈については、コール・ダニエルさんなどによって推進されていますが、これは日本のキリスト教にとって、世界に貢献すべき、独創的課題であると私は考えます。

この聞書集の書名に、「聖霊はまことの息吹――絶対無即絶対有のコスモロジー」とありますが、まことに適切と、三浦さんの感性に深く共感した次第です。

最後に本書成立のきっかけについて、一言述べておきたいと思います。

私は本来下手なタイプなので、三浦社長から聞書集の企画を提案された時は、私には無理のように思われました。しかし敢てこれを決断させたのは、以前私宛に送られてきた『暾《とん》』という三浦衛句集でした。そのライフワークとも言うべき大部の句集の三月の部に、「風はひそと後ろへ片栗の花」という一句があり、これが私の深層にエコーするものがありました。

その背景と理由は、本書「補遺（一）カタクリの花」につながるものがあります。そしてこの句集への深い共感から、私としては珍しく、敢てこの「聞書集」の企画に賛同することになったのでした。そして紅葉坂を登った春風社の編集企画室で、五時間ほど三浦氏と自在に語りあった内容が、本書の骨子となっています。

最初にいきなり「無と空（くう）」の問題を提起されたのには、本当に驚き、とまどいましたが、それには深い配慮があってのことだと、後ほどよくわかって、多くの示唆をいただいたことを感謝しています。

また私の若い頃から今日までの暗中模索の成果を、「根の思想」として評価してくださり、「西田哲学から聖霊神学へ」、これをさらに「新井奥邃の信仰思想」へとつなげてくださったことは、私にとって画期的出来事であり、次なる展望が見えてきたような気がいたします。

また最後に、三浦社長とともに、五時間にわたる奔放自在な討議内容を、整理校正され、立派な著作に仕上げてくださった編集部の永瀬千尋様に心から御礼申し上げます。

二〇二三年九月

小野寺 功

［著者］

小野寺 功（おのでら・いさお）

哲学者。清泉女子大学名誉教授。1929 年岩手県生まれ。上智大学大学院哲学研究科修了。主な著書に『絶対無と神——京都学派の哲学』（2002 年）、『聖霊の神学』（2003 年）、『大地の文学［増補］賢治・幾多郎・大拙』（2004 年）、『随想 西田哲学から聖霊神学へ』（2015 年）、『日本の神学を求めて』『新版 大地の哲学——三位一体の於てある場所』（2022 年）がある（いずれも春風社）。

［編者］

三浦 衛（みうら・まもる）

春風社代表取締役社長。1957 年秋田県生まれ。1999 年に創業。主な著書に『出版は風まかせ　おとぼけ社長奮闘記』（2009 年）、『おうすいポケット　新井奥邃語録抄』（2015 年、共編）、『石巻片影』（2017 年、共著）、『文の風景　ときどきマンガ、音楽、映画』（2021 年）、『句集　暾』（2022 年）がある（いずれも春風社）。

聞書集《ききがきしゅう》　聖霊《せいれい》はまことの息吹《いぶき》——絶対無即絶対有《ぜったいむそくぜったいゆう》のコスモロジー

二〇二四年一月二二日　初版発行

著者　小野寺功　おのでら　いさお

編者　三浦衛　みうら　まもる

発行者　三浦衛

発行所　春風社　Shumpusha Publishing Co.,Ltd.

横浜市西区紅葉ヶ丘五三　横浜市教育会館三階

〈電話〉〇四五・二六一・三一六八　〈FAX〉〇四五・二六一・三一六九

〈振替〉〇〇二〇〇・一・三七五二四

http://www.shumpu.com　✉ info@shumpu.com

装丁　南伸坊

印刷・製本　シナノ書籍印刷株式会社

ISBN 978-4-86110-899-0 C0010 ¥2000E

日本音楽著作権協会（出）許諾第2308502-301